SANMYA FEITOSA TAJRA

INFORMÁTICA NA EDUCAÇÃO

O uso de tecnologias digitais na aplicação das metodologias ativas

10ª edição

Av. das Nações Unidas, 7221, 1º Andar, Setor B
Pinheiros – São Paulo – SP – CEP: 05425-902

SAC 0800-0117875
De 2ª a 6ª, das 8h00 às 18h00
www.editorasaraiva.com.br/contato

Diretora executiva	Flávia Alves Bravin
Diretora editorial	Renata Pascual Müller
Gerente editorial	Rita de Cássia S. Puoço
Editora de aquisições	Rosana Ap. Alves dos Santos
Editoras	Paula Hercy Cardoso Craveiro
	Silvia Campos Ferreira
Assistente editorial	Rafael Henrique Lima Fulanetti
Produtores editoriais	Camilla Felix Cianelli Chaves
	Laudemir Marinho dos Santos
Assistente de produção	Katia Regina Pereira
Serviços editoriais	Juliana Bojczuk Fermino
	Kelli Priscila Pinto
	Marília Cordeiro
Preparação	Halime Musser
Revisão	Rafael Faber Fernandes
Projeto gráfico e Diagramação	Caio Cardoso
Impressão e acabamento	Vox Gráfica

DADOS INTERNACIONAIS DE CATALOGAÇÃO NA PUBLICAÇÃO (CIP)
ANGÉLICA ILACQUA CRB-8/7057

Tajra, Sanmya Feitosa
  Informática na educação : o uso de tecnologias digitais na aplicação das metodologias ativas / Sanmya Feitosa Tajra. -- 10. ed. -- São Paulo : Érica, 2019.
  232 p. : il.

  Bibliografia
  ISBN 978-85-365-3022-2

  1. Ensino auxiliado por computador 2. Educação - Inovações tecnológicas 3. Tecnologia educacional I. Título

18-1797

CDD 370.2854
CDU 371.694:004

Índices para catálogo sistemático:
1. Educação – Inovações tecnológicas

Copyright© 2019 Saraiva Educação
Todos os direitos reservados.

10ª edição
2019

Nenhuma parte desta publicação poderá ser reproduzida por qualquer meio ou forma sem a prévia autorização da Saraiva Educação. A violação dos direitos autorais é crime estabelecido na lei nº 9.610/98 e punido pelo artigo 184 do Código Penal.

CO 10335   CL 642316   CAE 640953

AGRADECIMENTOS

Dedico este livro aos meus filhos, Felipe e Marcel, por serem meus agentes motivadores constantes e por tantas vezes entenderem as minhas ausências.

Ao meu pai, que partiu para uma nova dimensão. Um dia estarei junto do senhor.

Ao meu companheiro de vida, Adilson Ferreira, por estar sempre ao meu lado com alegria de viver.

Ao sol por brilhar,
À lua por afagar.
Ao sol por fazer sorrir,
À lua por fazer amar.
Ao sol por dar vida,
À lua por acalmar.
Ao sol por fluir,
À lua por deixar... fluir
O sol.

Sanmya Tajra

SOBRE A AUTORA

Sanmya Feitosa Tajra é administradora, doutora em Planejamento Urbano na Universidade do Vale do Paraíba (Univap) e mestre em Educação (Currículo) pela Pontifícia Universidade Católica de São Paulo (PUC-SP), com ênfase em Novas Tecnologias, tendo como tema de sua dissertação "Comunidades Virtuais – Um Fenômeno Social Autopoietico". Conta com diversos trabalhos apresentados em congressos nacionais e internacionais. É proprietária da empresa Tajra Assessoria Educacional Ltda. Também é professora de cursos de graduação e de pós-graduação, além de escritora de livros de informática para crianças, adolescentes e de cursos de formação em Tecnologia Educacional para professores de Ensino Fundamental. Atualmente, gerencia a área de educação a distância de uma instituição pública de ensino superior. Já atuou como consultora de Informática na área de Educação em várias escolas públicas e privadas, e foi tutora e conteudista de cursos de educação a distância.

CAPÍTULO 1

A IMPORTÂNCIA DA INFORMÁTICA NA EDUCAÇÃO DO SÉCULO XXI, 17

1.1 As novas tecnologias na atual sociedade, 22

Para refletir, 25

CAPÍTULO 2

O COMEÇO DA HISTÓRIA DA POLÍTICA DA INFORMÁTICA NA EDUCAÇÃO NO BRASIL, 27

2.1 Ações da Política da Informática no Brasil, 30

2.2 Ações da Política da Informática na educação no Brasil, 34

2.3 Paradigma educacional emergente, 41

Para refletir, 44

CAPÍTULO 3

CONCEITOS E REFLEXÕES SOBRE TECNOLOGIA EDUCACIONAL: PARA ALÉM DOS RECURSOS DIGITAIS, 45

3.1 Compreendendo o conceito de técnica, 46

3.2 Compreendendo a Tecnologia Educacional, 49

    3.2.1 Aplicação da Tecnologia Educacional, 50

3.3 Ampliação do conceito de tecnologia, 53

Para refletir, 56

8 INFORMÁTICA NA EDUCAÇÃO

CAPÍTULO 4
O COMPUTADOR COMO MEIO E FIM, 57

4.1 Modalidades de aplicação da informática na educação e softwares, 58

4.2 Modalidades de aplicação da informática na educação e a proposta pedagógica, 62

4.3 Modalidades de aplicação da informática na educação e o ambiente de informática, 64

4.4 Modalidades de aplicação da informática na educação e o objetivo de aplicação, 65

4.5 Benefícios dos ambientes de informática, 67

Para refletir, 68

CAPÍTULO 5
O USO DE SOFTWARES COMO RECURSOS DIDÁTICOS, 69

5.1 Características dos softwares e suas aplicabilidades, 70

    5.1.1 Editores de textos, 72

    5.1.2 Bancos de dados, 72

    5.1.3 Planilhas eletrônicas, 73

    5.1.4 Softwares gráficos, 75

    5.1.5 Softwares de autoria, 76

    5.1.6 Softwares de apresentação, 77

    5.1.7 Softwares de programação, 77

    5.1.8 Softwares híbridos, 78

5.2 Avaliação de softwares para fins educacionais, 78

5.3 Desenvolvimento de aulas com o computador, 80

5.4 Alternativas de softwares para as escolas, 83

Para refletir, 84

CAPÍTULO 6
ETAPAS PARA IMPLANTAÇÃO OU REFORMULAÇÃO DE UM PROJETO DE INFORMÁTICA NA EDUCAÇÃO, 85

6.1 Etapas de implantação ou reformulação, 86

    6.1.1 Diagnóstico tecnológico da escola, do professor e do aluno, 86

    6.1.2 Plano de ação, 93

6.1.3 Qualificação dos educadores, 94

6.1.4 Conhecimento e pesquisa de softwares, 94

6.1.5 Elaboração do projeto pedagógico com o uso da informática na educação, 94

6.1.6 Implantação, avaliação e replanejamento, 96

6.2 A influência do *layout* no processo de aprendizagem, 98

6.2.1 Modelo 1, 100

6.2.2 Modelo 2, 101

6.2.3 Modelo 3, 102

6.2.4 Modelo 4, 103

6.2.5 Modelo 5, 104

6.3 Evolução da aplicabilidade da informática na educação, 105

6.3.1 Iniciação ou empolgação, 106

6.3.2 Adaptação ou intermediação, 107

6.3.3 Incorporação ou absorção, 108

Para refletir, 109

CAPÍTULO 7

QUALIFICAÇÃO DOS DOCENTES E DEMAIS ATORES NA EDUCAÇÃO, 111

7.1 Integração do uso dos computadores às propostas pedagógicas, 112

7.2 Desenvolvimento de projetos educacionais com apoio de computadores, 113

7.3 Posicionamento da administração escolar no processo de implantação da informática na educação, 114

7.4 Relação professor-aluno, 115

7.5 Troca de experiências entre os professores, 115

7.6 Gerenciamento dos recursos físicos e lógicos nos ambientes de informática, 116

7.7 Questões sobre o processo de qualificação dos professores em informática na educação, 119

7.8 Ciclo de aprendizagem, 122

7.9 Tecnologia na educação: um processo de mudança, 124

7.10 Transformação: uma concretização da aprendizagem, 125

7.11 Proposta experimental de formação de professores em tecnologia educacional, 126

7.11.1 Objetivos, 127

7.11.2 Metodologia, 127

7.11.3 Avaliação, 128

7.11.4 Resultados alcançados com essa proposta curricular, 128

7.12 Análise crítica da formação curricular e das novas tecnologias educacionais, 128

Para refletir, 130

CAPÍTULO 8

JORNAL: POSSIBILIDADES DE RECURSOS DIDÁTICOS, 131

8.1 Vantagens dos jornais como recurso didático, 132

8.2 Classificação da utilidade dos jornais nas escolas e sua finalidade, 133

8.3 Classificação da utilidade dos jornais educativos e sua relação com jornais existentes no mercado, 133

8.4 Roteiro para elaboração do jornal na escola, 135

8.5 Jornal eletrônico, 137

8.6 Os blogs e a opção para publicação virtual dos trabalhos escolares, 137

Para refletir, 138

CAPÍTULO 9

INTERNET E SEUS RECURSOS PARA USO EM PROJETOS EDUCACIONAIS, 139

9.1 Breve histórico dos principais momentos do desenvolvimento da internet, 140

9.2 A rede das redes de computadores: a internet, 143

9.3 Tipos de conexões com a internet, 144

9.4 Principais recursos da internet, 145

    9.4.1 *World Wide Web* (WWW): links, hipertexto e hipermídia, 145

    9.4.2 FTP: protocolo de transferência de arquivos, 149

9.5 Modalidades de comunicação na internet, 150

    9.5.1 Chat: uma forma dinâmica de se comunicar, 151

    9.5.2 Correio eletrônico ou e-mail, 153

    9.5.3 Lista de discussão, 156

    9.5.4 Fórum, 157

9.6 Sistemas virtuais colaborativos e cooperativos, 158

    9.6.1 Comunidades virtuais, 158

    9.6.2 Elementos constitutivos de uma comunidade virtual, 159

CAPÍTULO | **11**

9.6.3 Relações nas comunidades virtuais e nas redes sociais, 161
9.6.4 Interação, 162
9.6.5 Cooperação, 164
9.6.6 Colaboração, 168

9.7 Blogs e redes sociais como Twitter, YouTube, Instagram e Facebook, 171

9.8 Ambientes Virtuais de Aprendizagem, 172

9.9 Netiquetas ou regras de etiquetas para a internet, 173

Para refletir, 174

CAPÍTULO 10
USO DA INTERNET EM PROJETOS EDUCACIONAIS E SOCIAIS, 175

10.1 O uso da internet para realização de pesquisas, 176
  10.1.1 Como agilizar as pesquisas na internet, 177
  10.1.2 Como desenvolver atividades de pesquisa na internet, 178
  10.1.3 Sistemas de segurança na internet, 179

10.2 Avaliação de sites, incluindo os educacionais, 179
  10.2.1 Elaboração de projetos educacionais via recursos de comunicação: e-mail, listas de discussão e fóruns, 181
  10.2.2 Considerações sobre o uso das ferramentas de comunicações em projetos educacionais, 183

10.3 O que deve prevalecer na comunicação: o conteúdo ou as regras da Língua Portuguesa?, 184

10.4 Desenvolvimento de atividades educacionais diferenciadas com o uso da internet, 186
  10.4.1 Modelo 1 – Projeto educacional com pesquisa, publicação e comunicação, 186
  10.4.2 Modelo 2 – Matriz de atividades pedagógicas via internet, 186
  10.4.3 Modelo 3 – Matriz de atividades multidisciplinares via internet, 188

10.5 Outros fatores de sucesso para o desenvolvimento de um projeto educacional com o uso da internet, 189

10.6 Fases de um projeto educacional com o uso da internet, 192

10.7 Formas de desenvolvimento de projetos na internet, 194
  10.7.1 A origem dos projetos, 194
  10.7.2 Amplitude das atividades, 195

10.8 Criação de escolas on-line, 195

    10.8.1 Institucional, 195

    10.8.2 Administrativa, 196

    10.8.3 Educativa e pedagógica, 196

    10.8.4 Outras possibilidades para as escolas on-line, 196

10.9 Vantagens e obstáculos quanto ao uso da internet na educação, 198

Para refletir, 200

CAPÍTULO 11

METODOLOGIAS ATIVAS E O USO DE TECNOLOGIAS DIGITAIS, 201

11.1 Contexto favorável às metodologias ativas, 203

    11.1.1 As novas gerações demandam novas metodologias de ensino, 209

11.2 Além do conceito: técnicas favoráveis à aprendizagem ativa, 210

    11.2.1 Inversão da sala de aula: metodologia Sala de Aula Invertida, 210

    11.2.2 Aprendizagem baseada em investigação e problemas, 211

    11.2.3 Aprendizagem baseada em projetos, 211

    11.2.4 *Peer instruction*, 211

    11.2.5 Estudos de caso, 212

    11.2.6 Pesquisa, 212

    11.2.7 Aprendizagem baseada em jogos, 212

    11.2.8 *Design thinking*, 212

Para refletir, 218

CAPÍTULO 12

O LUGAR DA EDUCAÇÃO NA ERA DIGITAL, 219

12.1 Professores, 222

12.2 Administradores escolares, 223

12.3 Currículo, 223

12.4 Instrumentos de aprendizagem, 224

    12.4.1 Ciberespaço: o novo espaço do saber, 224

12.5 Política educacional, 225

12.6 Conclusão, 226

BIBLIOGRAFIA, 229

PREFÁCIO

A décima edição do livro *Informática na Educação*, que Sanmya Feitosa Tajra nos oferece, confirma o que já nos era bem conhecido: o livro continua um sucesso e já é um clássico. O trabalho de pensar a educação no mundo moderno é, provavelmente, uma das tarefas mais importantes e mais difíceis. Importante porque lida diretamente com o futuro – do indivíduo, do país, do mundo; difícil porque é um trabalho sobre pessoas e sobre a transformação dessas pessoas. Freud já anunciava o trabalho do professor como um dos ofícios impossíveis.

Pensar a educação em um mundo no qual a mudança ocorre em uma velocidade nunca antes experimentada pela humanidade, no qual o conhecimento cresce exponencialmente, no qual a tecnologia de ontem já é quase obsoleta é, em definitivo, uma das mais árduas tarefas que se pode conceber.

Se eu tivesse de eleger um único ícone para esse mundo veloz e mutante, a escolha recairia, acredito, sobre o computador. Ele é a mais perfeita síntese de tecnologia, conhecimento e velocidade de nossos tempos. E Sanmya escolheu juntar os dois – educação e informática – como tema de reflexão. O resultado é primoroso. A autora trabalha os conceitos com sobriedade, escapando das armadilhas do fetichismo, e que se considera o computador a peça-chave salvadora da educação, e da banalização, quando se pensa o computador como apenas mais um instrumento didático ou mais um modismo pedagógico.

As conexões entre a informática e a educação são construídas ao longo de dimensões históricas, tecnológicas e educacionais. Sanmya Tajra transita com igual facilidade entre a política de informática na educação, o uso de softwares nas escolas, a capacitação de professores ou a construção de um projeto de tecnologia educacional.

Não se trata, no entanto, de um livro acadêmico, escrito a partir de um trabalho de pesquisa científica. O texto equilibra o conhecimento teórico – necessário para compreender os desafios da educação – com a aplicação prática, sem a qual o trabalho na escola ficaria sem rumo. Assim, ao lado das reflexões sobre a tecnologia, as comunidades virtuais e a emergência de um novo paradigma na educação, Sanmya proporciona ao profissional da educação – o ser profissional, como ela o chama – os conceitos, métodos e ferramentas para construir um projeto de tecnologia educacional.

O texto destaca a natureza particular e específica do software educacional ou, mais precisamente, o uso específico que ambientes informatizados propõem para a educação. Ainda estamos longe do uso pleno e disseminado da informática na educação, e talvez ainda mais longe de seu principal objetivo, a realização de "aulas mais criativas, motivadoras, dinâmicas e que envolvam os alunos para novas descobertas e aprendizagem", como indica a própria autora. Informática na Educação é um passo importante nessa direção.

A existência da infraestrutura – computadores e internet – é, curiosamente, a parte mais fácil do processo. Selecionar os softwares, capacitar os professores, adaptar os currículos planejar a implementação da tecnologia educacional são os grandes desafios. Cada um deles é enfrentado ao longo dos capítulos do livro.

No entanto, como nos adverte a autora, não existe uma estrada real para a informática na educação. Cada escola, cada projeto político-pedagógico precisa encontrar o próprio caminho. A organização das atividades pode se dar por disciplina, por grande área do conhecimento, por projeto educacional, por problema a ser resolvido. Essas opções estão abertas às escolas, segundo suas condições estruturais, sua organização curricular e seu ritmo de investimento (de tempo, energia, recursos) na mudança. As diretrizes e as propostas para a implementação de um projeto de tecnologia educacional estão presentes no texto desde o *layout* de salas até a criação de escolas on-line. Mas elas são orientações que devem ser estudadas e adaptadas segundo as características da escola.

Esta nova edição avança sobre os passos da anterior e oferece um novo capítulo sobre metodologias ativas e tecnologias digitais. De certo modo, esse capítulo busca integrar todo o conteúdo do livro, revisando o conceito de metodologias ativas e dando-lhe novo sentido, à luz da revolução que a tecnologia da informação traz. Chamadas ao longo do capítulo propondo links para outras partes do livro são apenas uma de suas características integrativas. Se as ideias fundamentais das metodologias ativas não são novas – a lista de pensadores que lidaram com elas inclui Dewey, Vygotsky, Piaget e Paulo Freire –, as tecnologias digitais abrem possibilidades nunca antes imaginadas para colocar essas metodologias em prática.

Esta é, talvez, a grande contribuição de Sanmya Tajra para os trabalhos de tecnologia educacional: apontar os caminhos para realizar (no sentido de "tornar real") as finalidades da educação a partir daquilo que a tecnologia tornou disponível.

Edna Chamon
Mestre e doutora em Educação

APRESENTAÇÃO

Há mais de 20 anos, quando iniciei minhas atividades na área de informática na educação, deparei-me com inúmeras dúvidas, como: qual é a forma correta de aplicação da informática na área educacional? Quais são os melhores softwares existentes? Devemos utilizar professores da própria escola no ambiente educacional? Como fazer isso, se eles não foram formados para atuar em ambientes dinâmicos, não estão capacitados para utilizar os recursos tecnológicos e ainda têm receio de usar computadores na sala de aula? Ou será melhor utilizar tecnólogos em informática para ministrar aulas? O que percebi, após várias análises, é que não existe um modelo universal de utilização da Informática na Educação, e que muitas dessas questões continuam a ser discutidas nos ambientes educacionais, apesar de todos os avanços. A resistência dos educadores ainda é presente.

Depois de inúmeras visitas a várias escolas, de linhas metodológicas bastante diferenciadas, ficou nítido que o computador é uma ferramenta que pode ser utilizada com sucesso em ambientes educativos, seja por meio de projetos educacionais, enfoques disciplinares ou utilização restrita da própria informática.

Várias são as escolas bem conceituadas por formar indivíduos proativos, conscientes de seus direitos e deveres e tecnicamente bem preparados para entrar no mercado de trabalho, mas que se opõem à utilização da informática na educação. Preferem manter a utilização da informática como fim, sem interferências nos conteúdos disciplinares. Essa aplicação está errada? Não acredito que esteja. O importante é que a escola defina claramente o seu objetivo quanto ao uso da informática no seu ambiente. A escola deve oferecer aos alunos a possibilidade de usar essa ferramenta tão presente em nosso cotidiano, seja para fins de pesquisa, para produção de materiais dos projetos educacionais, para a profissionalização dos alunos ou para outras finalidades. Não oferecer acesso a essa nova tecnologia é omitir o contexto histórico, sociocultural e econômico vivenciado pelos educadores e educandos.

É imprescindível que os educadores possam visualizar quais são as reais tendências para as economias do futuro e estejam aptos a participar de um processo de ensino--aprendizagem que de fato prepara cidadãos conscientes de seus direitos e deveres em uma sociedade globalizada.

Este livro visa repassar aos professores que já atuam ou atuarão em ambientes ricos em tecnologias de informação e comunicação os principais conceitos e mitos que cercam a utilização da informática na área educacional. Entretanto, é importante ressaltar que muitas questões a respeito dessas ferramentas no ambiente educacional ainda estão em fase de análise. Portanto, avaliações totalmente definidas ficarão para um futuro próximo.

Muitas das questões apresentadas neste livro foram baseadas em percepções da minha própria vivência e complementadas com leituras relacionadas ao assunto. São aspectos que, no início da minha atuação na área de Informática na Educação, não se encontravam mesmo em bibliografias. Na época, existiam poucas publicações sobre o assunto e, quando encontrados, referiam-se apenas à abordagem teórica, sem contextualizações práticas.

Neste livro, você entenderá melhor a importância da Informática na Educação para o século XXI, como está sendo elaborada a política de informática na educação no Brasil, o que é tecnologia educacional, a utilização do computador como meio e como fim, o que podemos fazer com um computador no ambiente educacional, como implantar um projeto de informática na educação, os aspectos mais importantes para a capacitação dos professores, os fatores que podem garantir o sucesso dos projetos de informática na educação, os aspectos do gerenciamento da sala de aula com recursos computacionais, os jornais como recurso didático e o uso da Internet na Educação.

O livro traz, ainda, várias considerações sobre o uso da internet para pesquisas e comunicações na educação, propostas inovadoras para avaliação de sites educacionais, diferentes formas de desenvolvimento de aulas e projetos com os recursos da internet, além de propostas para reflexões sobre o uso da língua portuguesa nos ambientes digitais. Tais conhecimentos são fundamentais para a melhor preparação do professor a fim de atuar na área da informática na educação, conforme os avanços tecnológicos.

Nesta décima edição, como uma forma de revisão e atualização a cada momento histórico, incluindo as inovações tecnológicas, foi incorporado um capítulo contendo conceitos e reflexões sobre o uso das metodologias ativas, de modo que algumas abordagens são associadas aos capítulos já existentes nas edições anteriores do livro, bem como são apresentadas diferentes estratégias inovadoras, com ênfase no *design thinking*.

No livro, sempre me refiro ao professor como "ser profissional", portanto, a minha intenção engloba todos os profissionais que atuam em atividades do processo ensino-aprendizagem.

Boa sorte! Aproveite e, em breve, desfrute dos ganhos da era digital!

A Autora

CAPÍTULO 1

A IMPORTÂNCIA DA INFORMÁTICA NA EDUCAÇÃO DO SÉCULO XXI

OBJETIVOS

- Sensibilizar professores e demais profissionais que atuam em ambientes educacionais quanto à importância da informática para o desenvolvimento das diversas habilidades humanas, bem como para as atuais e futuras realidades das economias de mercado.
- Apresentar a informática como um recurso que pode ser incorporado à escola independentemente da linha metodológica utilizada.
- Expor uma reflexão das principais mudanças na atual sociedade da informação.

Em minhas palestras ou qualificações na área de informática na educação, costumo me referir a uma passagem do livro *A Máquina das Crianças – Repensando a Escola na Era da Informática*, de Papert (1994, p. 9-10), em que o autor apresenta a seguinte parábola:

Imagine um grupo de viajantes do tempo de um século anterior, entre eles um grupo de cirurgiões e outro de professores primários, cada qual ansioso para ver o quanto as coisas mudaram em sua profissão a cem anos ou mais no futuro. Imagine o espanto dos cirurgiões ao entrarem numa sala de operações de um hospital moderno. Embora pudessem entender que algum tipo de operação estava ocorrendo e pudessem até mesmo adivinhar o órgão alvo, na maioria dos casos seriam incapazes de imaginar o que o cirurgião estava tentando fazer, ou qual a finalidade dos muitos aparelhos estranhos que ele e sua equipe cirúrgica estavam utilizando. Os rituais de antissepsia e anestesia, os aparelhos eletrônicos com seus sinais de alarme e orientação e até mesmo as intensas luzes, tão familiares às plateias de televisão, seriam completamente estranhos para eles.

Os professores viajantes do tempo responderiam de uma forma muito diferente a uma sala de aula de primeiro grau moderna. Eles poderiam sentir-se intrigados com relação a alguns poucos objetos estranhos. Poderiam perceber que algumas técnicas padrão mudaram – e provavelmente discordariam entre si quanto às mudanças que observaram se foram para melhor ou para pior –, mas perceberiam plenamente a finalidade da maior parte do que se tentava fazer e poderiam, com bastante facilidade, assumir a classe.

Percebo que os professores, ao ouvir essa parábola, movimentam-se e gesticulam, confirmando o que está sendo dito. Eu sempre me pergunto por quê. Já ouvi muitas respostas, como: "a minha escola ainda não tem computadores", "o diretor da escola não investe nos seus profissionais", "os cursos que fiz no magistério e na universidade não abordam o uso da informática na educação, porque ganho muito pouco".

Observo também que a maior parte das justificativas está apoiada nas ações de terceiros, e poucos são os professores que percebem que o ponto de partida de qualquer mudança é um processo interno de sensibilização para uma nova realidade. Volto a questionar: por que os professores não estão sensibilizados quanto ao uso da informática na área educacional? Por que não, se os demais profissionais das diversas áreas do conhecimento humano já utilizam a informática como instrumento auxiliar de trabalho?

A partir dessas reflexões, é possível apresentar algumas habilidades pessoais de acordo com o novo paradigma educacional, conforme levantamentos na rede digital em sites de pesquisa com as palavras-chaves "sucesso dos alunos do século XXI". Dentre as principais habilidades, encontramos como essenciais:

- habilidade em leitura básica, escrita e habilidades matemáticas;
- bons hábitos profissionais, como ser responsável, pontual e discipli-nado;
- habilidades em computação e tecnologia de mídia;
- valorização do trabalho;
- honestidade e tolerância com os outros;
- hábitos de cidadania.

Outro exemplo complementar é a contribuição do filósofo Bernardo Toro (1996), que define a forma de comunicação nas sociedades urbanas, que deixam de ser reais, passando a ser decodificadas por meio de símbolos e códigos. Toro também relaciona aspectos de garantia para o sucesso no século XXI, que ele define como "códigos de modernidade":

- alta competência em leitura e escrita;
- alta competência em cálculo matemático e solução de problemas em todas as ordens;
- alta compreensão em escrita, ou seja, precisão para descrever fenômenos e situações, analisar, comparar e expressar o próprio pensamento;
- capacidade para analisar o ambiente social e criar governabilidade;
- capacidade para recepção crítica dos meios de comunicação de massa;
- capacidade para planejar, trabalhar e decidir em grupo;
- capacidade para localizar, acionar e usar as informações acumuladas.

20 INFORMÁTICA NA EDUCAÇÃO

Se fizermos um comparativo entre as duas abordagens, podemos perceber que existem similaridades entre elas. Podemos, ainda, relacionar as ideias anteriormente apresentadas à Teoria das Inteligências Múltiplas,[1] do psicólogo estadunidense Howard Gardner.

Gardner (1994, p. 14) define a inteligência como a:

> [...] capacidade de resolver problemas ou elaborar produtos que sejam valorizados em um ou mais ambientes culturais. A inteligência não pode ser medida; ela não é um produto acabado, pois, dependendo do contexto socioeconômico-cultural, uma ação pode ser valorizada em um ambiente e em outro ambiente não ter nenhuma significância.

Gardner apresentou, inicialmente, sete competências intelectuais autônomas do ser humano:

1. **Inteligência linguística:** habilidade ou capacidade em lidar com os desafios relacionados à linguagem.
2. **Inteligência lógico-matemática:** habilidade em resolver problemas por meio da dedução e da observação.
3. **Inteligência corporal-cinestésica:** habilidade em utilizar movimentos corporais para superar desafios de determinada realidade.
4. **Inteligência musical:** habilidade em produzir e perceber as notações musicais.
5. **Inteligência espacial:** habilidade em abstrair a interação com o ambiente, o espaço e o ciberespaço para elaborar um produto ou resolver um problema.
6. **Inteligência intrapessoal:** habilidade em conhecer os aspectos internos de uma pessoa.
7. **Inteligência interpessoal:** habilidade em perceber as intenções e os desejos dos seus interlocutores e, com isso, resolver ou minimizar problemas de comunicação e relacionamento.

Além das inteligências citadas, outras foram acrescentadas:

1. **Inteligência pictórica:** habilidade em transcrever situações, fatos e emoções por meio de desenhos.
2. **Inteligência naturalista:** habilidade em lidar com situações ligadas à natureza.

---

1   Para mais informações sobre o tema, consulte <http://bit.ly/2LnKIAY>. Acesso em: 13 ago. 2018.

3. Inteligência existencial: habilidade em lidar com situações relacionadas à religiosidade.

Com base nas abordagens mencionadas anteriormente, podemos verificar que o uso do computador pode ser importante e útil para garantir o sucesso no século XXI e para o desenvolvimento das habilidades específicas do ser humano. Essa é uma referência ao computador, entretanto, o conceito estende-se aos demais recursos tecnológicos com as características de um computador, ou seja, tablets, smartphones ou qualquer outro recurso tecnológico que possibilite interações e atividades digitais, ultrapassando as possibilidades analógicas.

Para exemplificar a correlação entre o computador e as demais abordagens apresentadas (códigos de modernidade e inteligências múltiplas), podemos sugerir:

- Por meio de softwares abertos, mais especificamente os editores de textos, é possível desenvolver diversas atividades que estimulam as habilidades linguísticas, como a escrita e a leitura, promovendo diferentes tipos de produções.

- Os softwares de simulações e programação são excelentes recursos computacionais que permitem o aprimoramento das habilidades de lógica, matemática e de resolução de problemas.

- Por meio dos softwares gráficos, é possível estimular o desenvolvimento das habilidades pictóricas. Eles disponibilizam uma série de recursos que facilitam a criação de desenhos e representações artísticas.

- Como medidor e planejador de atividades físicas, o computador pode ser um grande aliado.

- Um benefício do computador é sua característica interativa com o meio. Com ele, é possível integrar diversas mídias e demais recursos tecnológicos, como o rádio, a televisão, os vídeos, as filmadoras. Portanto, trata-se de um recurso perfeito para trabalhar sons e, ainda, torná-los visuais conforme as descrições de seus compassos e medidas dos ritmos sonoros.

- A internet, como mídia que mais se desenvolve nos últimos anos, tem uma característica ampla de possibilitar diversos tipos de comunicações e interações entre culturas, de forma enriquecedora. Quais são as abordagens das pessoas ao discutir as questões históricas entre seus países? Por exemplo, qual é a visão da escravidão para os alunos portugueses, comparando-a com a visão dos alunos brasileiros? Para a discussão de um tema como esse, é fundamental que os agentes ativos estejam preparados para trabalhar os aspectos interpessoais e intrapessoais.

Todas essas possibilidades práticas são detalhadas ao longo deste livro, conforme os objetivos estabelecidos em cada capítulo.

Percebemos que os computadores têm diferentes tipos de utilidades, compatíveis com o mundo em que vivemos, isto é, estão em constantes mutação e interatividade. Por meio dessa máquina, podemos desenvolver simultaneamente várias habilidades, facilitando a formação de indivíduos polivalentes e multifuncionais, diferentemente, por exemplo, de uma máquina de escrever, que possibilitava a formação de um único profissional: o datilógrafo.

É interessante ressaltar que a maior parte dos empregos que surgirão no próximo século ainda não existe e, com certeza, eles, de alguma forma, utilizarão as novas tecnologias de informação e comunicação; portanto, cabe à escola prestar a sua grande contribuição à formação de indivíduos proativos para atuar nas economias do futuro.

1.1 AS NOVAS TECNOLOGIAS NA ATUAL SOCIEDADE

Estamos vivendo um período revolucionário, que vai além dos computadores e das inovações na área de telecomunicações. As mudanças estão ocorrendo também nas áreas econômicas, sociais, culturais, políticas, religiosas, institucionais e até mesmo filosóficas. Uma nova civilização está nascendo, o que gera uma nova maneira de viver (TOFFLER, 1983).

Alvin Toffler (1928-2016), no seu livro *A Terceira Onda* (1980), retrata as mudanças ocorridas na humanidade com a metáfora das ondas da humanidade. As ondas retratam as diferentes formas de criação de riquezas. A primeira onda foi quando a raça humana passou de uma civilização tipicamente nômade para uma civilização basicamente agrícola, sedentária. Isso aconteceu cerca de dez mil anos atrás.

A segunda onda ocorreu quando a civilização basicamente agrícola começou a ser uma civilização basicamente industrial. O início dessa mudança ocorreu há cerca de 300 anos, nos Estados Unidos e na Europa, apesar de, atualmente, muitas regiões do mundo ainda não terem chegado a esse estágio.

A terceira onda começou nos Estados Unidos e em alguns outros países por volta de 1955, um momento de auge do desenvolvimento industrial. A principal inovação está no fato de que o conhecimento não é mais um meio adicional de produção de riquezas, mas o meio dominante. O conhecimento tornou-se um ingrediente indispensável nos diversos sistemas produtivos.

A terceira onda distingue-se da segunda onda em vários aspectos, conforme é apresentado no Quadro 1.1.

Quadro 1.1 Diferentes aspectos da segunda e da terceira ondas

Segunda onda	Terceira onda
O valor de uma empresa relaciona-se à quantidade de prédios, funcionários e máquinas.	Os valores são intangíveis. O que vale são os conhecimentos da sociedade.
Os processos de produção massificados e seriais.	A produção é voltada ao cliente, de acordo com seu interesse individual. Prevalece o atendimento às necessidades individuais; cada indivíduo quer ser reconhecido como um ser único.
O trabalhador treinado para não fazer perguntas, não pensar e não inovar.	Exige-se que os trabalhadores sejam criativos, inovadores, críticos e que busquem evoluir continuamente.
Os produtos com um longo ciclo de vida.	Os produtos são melhorados e modificados a cada instante. A inovação é o grande diferencial.
A estrutura familiar nuclear, contando com um pai, uma mãe e filhos.	A estrutura familiar diversificou-se. Existem famílias sem pai ou mãe, casais sem filhos, pessoas solteiras morando sozinhas, divorciados e casais sem relações formais de união.
A velocidade das mudanças não era significativa.	A velocidade das mudanças é um fator crítico de sucesso. Tempo e dinheiro estão diretamente relacionados. A informação tem um percurso em constante estágio de aceleração.

Fonte: adaptado de Toffler (1980).

As organizações estão mudando os seus quadros de funcionários, o organograma de suas hierarquias, as estruturas organizacionais e as formas de produção. Cada vez mais percebemos o fim das fronteiras tecnológicas. De acordo com Drucker (2011), as fronteiras "se cruzam a toda hora".

A partir desse momento, uma inovação ou descoberta tecnológica utilizada na área da siderurgia é útil na área da aeronáutica; a descoberta de Bell Labs, como os transistores, é largamente utilizada na indústria de computadores. As descobertas da indústria química são utilizadas nas indústrias de armamento.

Essas interligações nem sempre foram visíveis. Ainda de acordo com Drucker (2011), até metade do século XIX o impacto de uma indústria sobre outra era muito pequeno ou, dito de outro modo, o impacto de um conhecimento era mínimo sobre outra área de conhecimento, ou pelo menos demorava um tempo maior para gerar impactos. As inovações tecnológicas demoravam a ser incorporadas nos diversos segmentos da sociedade.

Essa característica de isolamento de ações também era muito perceptível na formação dos profissionais, momento em que se supervalorizava o alto grau de especialização. Cada vez mais se conhecia melhor um problema e menos se entendia a interligação do todo que estava ao seu redor.

É diante de todas essas mudanças, oriundas das transformações sociais e do avanço das tecnologias, que percebemos as mudanças que estão ocorrendo com o comportamento humanos, que são resultantes dessas mudanças.

É necessária a formação de um novo ser humano. O perfil do novo profissional não é mais o especialista. O importante é saber lidar com diferentes situações, resolver problemas imprevistos, ser flexível e multifuncional e estar sempre disposto a aprender.

Como marco do novo milênio, temos a internet, que, a partir de 1995, começou a influenciar o mercado, iniciando uma nova revolução, chamada de revolução digital, isto é, a era da inteligência em rede, na qual seres humanos combinam inteligência, conhecimento e criatividade para revoluções na produção de riquezas e desenvolvimento social. Essa revolução atinge todos os empreendimentos da humanidade, como aprendizagem, saúde, trabalho e entretenimento (TAPSCOTT, 1997).

> No Capítulo 11, fazemos uma análise que integra esse novo contexto socioeconômico e cultural às possibilidades de novas estratégias pedagógicas com utilização de metodologias ativas. Associe esse conteúdo ao Capítulo 2, que aborda a história inicial da informática na educação no Brasil. Assim, você poderá integrar os acontecimentos dos diferentes segmentos da sociedade à educação.

É preciso visualizar essa situação social que estamos vivendo. A educação necessita estar atenta às novidades e não se marginalizar, tornando-se obsoleta e sem flexibilidade. Algumas dessas mudanças podem ser realizadas pelo professor que, tendo uma visão de futuro e mente aberta para refletir criticamente sobre sua prática no processo de ensino-aprendizagem, torna-se um agente ativo no sistema educacional.

Nesse sentido, torna-se também essencial que os processos educacionais sejam revistos para atender às demandas de uma nova geração que lida com as tecnologias como, até então, ainda não havia ocorrido.

Afinal, quem são os jovens que estão frequentando as escolas e as universidades? Eles pertencem à Geração Z, também denominada por alguns autores como Geração Millenials.

Veja a seguir uma linha do tempo com as principais características de cada geração e como elas impactam os processos educacionais.

CAPÍTULO 1 | A IMPORTÂNCIA DA INFORMÁTICA NA EDUCAÇÃO DO SÉCULO XXI 25

Figura 1.1 Gerações.

Baby Boomer: pessoas nascidas depois da Segunda Guerra Mundial e que promoveram a base das grandes mudanças da sociedade que vivemos atualmente. Foram os iniciadores do movimento *hippie*. Como jovens, foram os primeiros a receber as chaves de casa e a conquistar a liberdade de ir e vir, ficando conhecidos como "juventude libertária".

Geração X: nascidos entre das 1960 e 1970. Usufruíram os direitos e a liberdade adquiridos da geração anterior. O objetivo de vida mudou para a busca da individualidade e viver intensamente cada momento. Foram fortemente influenciados por ações de marketing. São conhecidos como "juventude competitiva".

Geração Y: pessoas nascidas na década de 1980. Essa geração viveu o surgimento da internet, teve acesso à televisão, a programações transmitidas por satélites e a computadores e notebooks. Já se questionavam como a sociedade vivia sem esses recursos tecnológicos.

Geração Z: também conhecida como *Millenials*, além de possuírem a chave de suas casas (sinal de independência), tiveram acesso ao mundo pela internet. Para eles, é comum viver em um mundo sem barreiras geográficas e temporais, globalizado e com a diversidade em todas as suas possibilidades. São conteudistas e divulgam suas opiniões para todos. É uma geração multitarefa, que realiza diversas atividades ao mesmo tempo. Discutem vários assuntos e assumem diferentes papéis. Valorizam pertencer a diversos grupos e ter seu estilo próprio. Não valorizam carreiras longas em uma mesma empresa e, muitas vezes, nem mesmo uma única profissão. Desejam trabalhar apenas com prazer. São pragmáticos e realistas. Seus ídolos são pessoas comuns, que conhecem no dia a dia.

É com esses variados perfis que os sistemas educacionais lidam em seu cotidiano, mas ainda não possuem uma resposta para saber lidar dinamicamente com eles no meio digital.

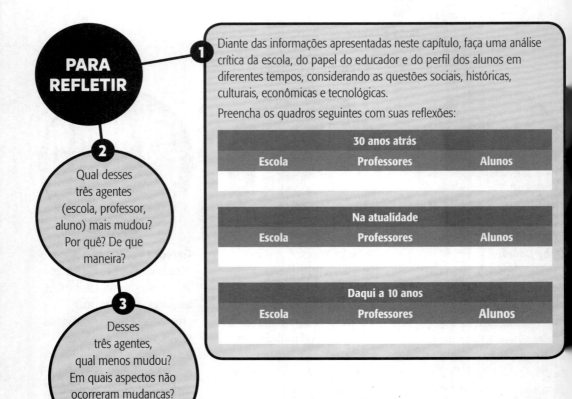

PARA REFLETIR

1 Diante das informações apresentadas neste capítulo, faça uma análise crítica da escola, do papel do educador e do perfil dos alunos em diferentes tempos, considerando as questões sociais, históricas, culturais, econômicas e tecnológicas.

Preencha os quadros seguintes com suas reflexões:

30 anos atrás		
Escola	Professores	Alunos

Na atualidade		
Escola	Professores	Alunos

Daqui a 10 anos		
Escola	Professores	Alunos

2 Qual desses três agentes (escola, professor, aluno) mais mudou? Por quê? De que maneira?

3 Desses três agentes, qual menos mudou? Em quais aspectos não ocorreram mudanças? Por que elas não ocorreram?

CAPÍTULO
2

O COMEÇO DA HISTÓRIA DA POLÍTICA DA INFORMÁTICA NA EDUCAÇÃO NO BRASIL

OBJETIVOS

- Apresentar as evoluções tecnológicas relacionadas aos sistemas produtivos.
- Informar as principais ações governamentais na área da informática no Brasil.
- Abordar os projetos de informática educativa lançados pelo Governo Federal no Brasil.

O Capítulo 2 apresenta, de forma resumida, os principais momentos da informática educativa adotada no Brasil, para que os professores possam entender o percurso brasileiro nessa área.

O principal enfoque da educação é provocar mudanças nos sistemas produtivos, culturais, sociais e políticos. Antes da primeira Revolução Industrial, as pessoas eram educadas em ambientes práticos (aprendiam fazendo com o uso dos recursos existentes na época), ao passo que os estudantes eram aprendizes que produziam serviços e produtos junto com seus mestres, em uma época na qual havia demanda em baixa escala. Naquele período, o preço do produto era calculado a partir do interesse dos clientes, que ditavam o ritmo da produção.

Com a primeira Revolução Industrial, no século XIX, as formas de produção mudaram. Houve massificação da produção, que se tornou uma atividade que produzia em larga escala. Observou-se o grande êxodo rural de pessoas que estavam em busca de novas oportunidades nas zonas urbanas. Nas fábricas, os funcionários realizavam rigidamente as atividades em série, sem participar do processo produtivo como um todo. A qualidade do produto era verificada apenas no final da produção. Essa realidade é ilustrada no filme *Tempos Modernos* (1936), de Charles Chaplin (1889-1977).

Atualmente, a realidade é outra. Alguns valores da era Pré-Revolução Industrial estão ressurgindo, isto é, para alguns produtos, é mais importante a personalização do que a produção em quantidade. Como a produção era em baixa escala e atendia a demandas específicas, ela atendia quase que de forma exclusiva o indivíduo. Atualmente, existe ainda a divisão do trabalho, entretanto, nem sempre é possível perceber a linha tênue que separa as funções de cada colaborador. As organizações precisam ser versáteis, flexíveis, ágeis e abertas às mudanças.

CAPÍTULO 2 | O COMEÇO DA HISTÓRIA DA POLÍTICA DA INFORMÁTICA NA EDUCAÇÃO NO BRASIL

Nos últimos anos, grandes mudanças tecnológicas, principalmente no campo da microeletrônica e das telecomunicações, proporcionaram um amplo desenvolvimento em diversas áreas:

- econômica, com a vasta expansão do capitalismo;
- industrial, com a gama de processos que passaram a ser automatizados e robotizados;
- engenharia, o que possibilitou mais segurança ao desenvolvimento de máquinas e edificações complexas;
- telecomunicações, que trouxe a possibilidade de ampliar a comunicação;
- medicina, com a precisão dos resultados dos diagnósticos de doenças antes não detectadas em tempo hábil;
- aeroespacial, com a realização de projetos que levam astronautas para fora da Terra.

A informática foi favorecida pelas evoluções científicas, possibilitando o embasamento e o aprimoramento dos processos de produção e pesquisas.

Logo, o que a escola precisa fazer para acompanhar essa nova realidade? Com certeza, um de seus principais objetivos é formar indivíduos que se adequem a esse novo cenário, prontos para esse novo contexto. É preciso projetar melhor o futuro e preparar as ações que permitam aos estudantes se tornarem profissionais capacitados.

De acordo com Toffler (1983), a educação deve ser voltada ao futuro. As mudanças na educação refletem as mudanças em nossas vidas. As pessoas eram educadas para trabalhar em grandes empresas, públicas ou privadas, ou a prestar concursos, para ter um emprego seguro, com aposentadoria garantida. Em nossa sociedade, poucas pessoas foram educadas para serem profissionais liberais, autônomos ou empreendedores, como acontece nos Estados Unidos. Atualmente, o que prevalece é a capacidade de termos empregabilidade, ou seja, sermos ativos para gerar trabalho, tendo como referência as competências e habilidades desenvolvidas ao longo da nossa história de vida, seja em ambientes formais de educação ou não.

As empresas públicas, na maioria das vezes, não têm mais condições de oferecer bons salários, e não existe mais a estabilidade de emprego (como temos visto em vários concursos nacionais, em que, apesar do processo seletivo do concurso, o regimento de trabalho não é mais estatutário, mas baseado nas leis trabalhistas da Consolidação das Leis do Trabalho). O que adianta uma educação voltada aos objetivos anteriormente citados se, quando nos deparamos com a realidade, as relações são bem diferentes? Afinal de contas, será que estamos prontos para viver de acordo com as demandas do novo milênio? Precisamos ficar atentos ao cenário econômico

> Essa contextualização, que também é apresentada no Capítulo 12, torna-se essencial, pois se entende que o uso dos recursos tecnológicos digitais na educação não pode estar dissociado do contexto.

e ao contexto sociocultural do futuro, às novas tendências. Devemos estar abertos às mudanças de paradigmas que forem necessárias. Com certeza, o profissional do futuro não deve ser preparado apenas para prestar concursos e realizar atividades rotineiras e repetitivas. Ele deve ser motivado e estimulado a resolver problemas, agir proativamente e comunicar-se de forma abrangente, sendo capaz de gerar as próprias oportunidades, e não apenas para o "mercado de trabalho", mas para o "mundo do trabalho", para uma nova forma de viver, agindo com maior colaboração e cooperação.

2.1 AÇÕES DA POLÍTICA DA INFORMÁTICA NO BRASIL

Para entender os movimentos brasileiros para se adequar a essa nova realidade tecnológica, vamos citar e descrever, de forma objetiva, os principais momentos da Política da Informática no Brasil (OLIVEIRA, 1997) e, em seguida, as principais ações governamentais para conseguir implantar a Informática Educacional nas escolas públicas.

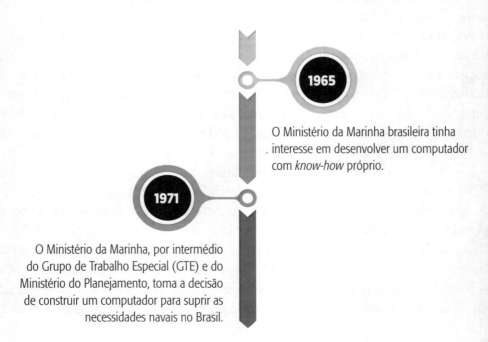

1965 — O Ministério da Marinha brasileira tinha interesse em desenvolver um computador com *know-how* próprio.

1971 — O Ministério da Marinha, por intermédio do Grupo de Trabalho Especial (GTE) e do Ministério do Planejamento, toma a decisão de construir um computador para suprir as necessidades navais no Brasil.

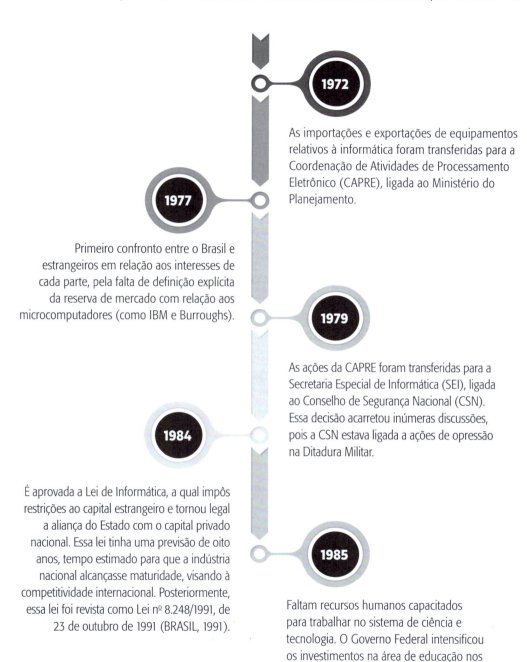

Figura 2.1 O desenvolvimento brasileiro na área de informática.

32 INFORMÁTICA NA EDUCAÇÃO

É interessante ressaltar que, antes de 1984, o Brasil, no que tange à produção de informática, já estava entre os dez países que mais cresciam no cenário mundial e 60% da indústria nacional trabalhava com equipamentos desenvolvidos no próprio país. Entre 1984 e 1987, o Brasil apresentava a maior taxa de crescimento mundial nessa área e, em 1987, tornou-se o sexto maior mercado de microcomputadores, superando a Itália e a Suécia (OLIVEIRA, 1997).

O governo brasileiro tinha interesse em desenvolver uma política com características independentes, já que deter o conhecimento em áreas tecnológicas seria determinante para o domínio do poder. Quem detém conhecimento detém poder, e quem detém conhecimento tecnológico, reúne ainda mais o poder. Isso é facilmente observado se verificarmos a evolução das três ondas do poder, de acordo com Toffler (1983):

- **primeira onda:** determinada pelo domínio de terras, produções agrícolas;
- **segunda onda:** determinada pelas indústrias;
- **terceira onda:** determinada pelo conhecimento.

As noções de poder são alteradas conforme as próprias evoluções socioculturais da humanidade. Atualmente, a Microsoft é maior que a General Motors. Qual é o seu capital? Com certeza não é o patrimonial (físico) nem o parque industrial, mas a detenção de conhecimento, o desenvolvimento intelectual das pessoas que compõem esse aglomerado. O capital ativo da Microsoft é o conhecimento dos seus profissionais. Sabemos que a General Motors possui conhecimento no desenvolvimento de seus automóveis e, por isso, destaca-se em relação à concorrência. Esse exemplo serve para esclarecer que o formato da Microsoft se deve, predominantemente, ao ativo do capital intelectual (ativo intangível), enquanto a General Motors ainda é uma representação de um ativo físico, até porque seu produto (automóvel) é físico, tangível.

A partir dessa realidade, o Brasil pretendia ser um país de representatividade na área de tecnologia computacional, por isso, criou uma reserva de mercado, visando impulsionar as indústrias nacionais, mas deparou-se com inúmeras dificuldades. Entre elas podemos citar as mais agravantes, como ausência de pessoas capacitadas para o desenvolvimento de pesquisa nessa área e pressão política e econômica das nações desenvolvidas. Além dessas dificuldades, houve conflitos políticos internos no país, havendo uma desconfiança quanto à participação da Conselho de Segurança Nacional (CSN) nessa área, visto que alguns políticos acreditavam na possibilidade de que essas ações estariam ligadas à Ditadura Militar (OLIVEIRA, 1997).

Diante desse panorama, o governo brasileiro, na década de 1980, começou a instalar computadores em escolas de Ensinos Fundamental e Médio da rede pública em uma busca de melhorar a qualidade de ensino. O objetivo era garantir aos alunos o acesso ao conhecimento de uma tecnologia utilizada na sociedade moderna (OLIVEIRA, 1997).

Na década de 1980, os países desenvolvidos tornaram essencial a inclusão dos computadores nas escolas. Em 1983, 53% das escolas estadunidenses já utilizavam computadores, que eram oferecidos com o grande apoio de empresas privadas da área. A França, por meio do plano Informática para Todos, e a Espanha, por meio do Projeto Atenea, estimularam a inserção de computadores nas escolas e a formação de professores para o atendimento dos alunos.

Figura 2.1 Desde cedo, os alunos aprendem a lidar com recursos tecnológicos, hoje bastante comuns no dia a dia de estudantes e profissionais.

Não existe um modelo universal para a aplicação da informática na educação. Ela varia de acordo com a disponibilidade de recursos humanos, financeiros, técnicos, das linhas metodológicas nas escolas, bem como da própria credibilidade em relação à tecnologia na educação.

O governo brasileiro estava apostando no direcionamento europeu. Como veremos a seguir, todas as ações eram voltadas à capacitação de professores, visando à autonomia da escola, para que as instituições pudessem mais facilmente adequar a informática à realidade da instituição e à proposta pedagógica. Essa linha de trabalho, que utiliza a informática como ferramenta pedagógica, não é percebida quando se adota a terceirização de empresas na área de informática educativa, visto que essas empresas costumam trabalhar com o computador como fim, e não como meio do processo de aprendizagem. Geralmente, essas empresas estabelecem contratos de convênios unilaterais. Entretanto, muitas escolas particulares no final da década de 1980 e durante a década de 1990, optaram, inicialmente, por terceirizar o ensino da informática, deixando-o por conta de empresas terceirizadas, por se sentirem inseguras, sem ter certeza de que conseguiriam desenvolver projetos educacionais na área. Com o tempo, percebe-se que não conseguem atingir seus objetivos pedagógicos. As instituições podem colocar em sua publicidade que oferecem aula de informática, mas sem de fato oferecer um ensino de qualidade integrado à proposta pedagógica. Nesses casos, a escola cria uma dependência com a empresa terceirizada, paga caro e, em muitos casos, não consegue capacitar seus profissionais e ver resultados satisfatórios.

Na terceirização, as empresas muitas vezes não prestam consultoria para qualificar professores, para que a escola tenha autonomia. Em muitos casos, as empresas contratadas incluem em seus contratos a doação para as escolas das máquinas utilizadas durante o convênio, entretanto, é importante ressaltar que a escola já está pagando pelos equipamentos, valor incluído no preço do serviço oferecido. Em muitos casos, porém, os computadores deixados como "prêmio" pela empresa terceirizada já estão obsoletos. As escolas precisam ficar atentas a isso.

2.2 AÇÕES DA POLÍTICA DA INFORMÁTICA NA EDUCAÇÃO NO BRASIL

Para avaliar os passos do governo brasileiro com relação à Política da Informática na Educação, observe a Figura 2.2:

1979
A **Secretaria Especial de Informática (SEI)** fez uma proposta para os setores de educação, agrícola, saúde e industrial, visando à viabilização de recursos computacionais em suas atividades.

1980
A SEI criou uma **Comissão Especial de Educação** para obter subsídios, visando gerar normas e diretrizes para a área de informática na educação.

I Seminário Nacional de Informática na Educação (SEI, Ministério da Educação/MEC, Conselho Nacional de Desenvolvimento Científico e Tecnológico/CNPQ), em Brasília.

Recomendações finais sugeridas por esse seminário: que as atividades da informática educativa sejam balizadas dos valores culturais, sociopolíticos e pedagógicos da realidade brasileira; que os aspectos técnico-econômicos sejam equacionados não em função das pressões de mercado, mas dos benefícios socioeducacionais; não considerar o uso dos recursos computacionais como nova panaceia para enfrentar os problemas de educação e a criação de projetos piloto de caráter experimental com implantação limitada, objetivando a realização de pesquisa sobre a utilização da informática no processo educacional (OLIVEIRA, 1997, p. 30).

II Seminário Nacional de Informática na Educação, em Salvador, que contou com a participação de pesquisadores das áreas de educação, sociologia, informática e psicologia.

Recomendações finais sugeridas por esse seminário: que os núcleos de estudos fossem vinculados às universidades, com caráter interdisciplinar, priorizando o ensino do Ensino Médio, não deixando de envolver outros grupos de ensino; que os computadores fossem um meio auxiliar do processo educacional, devendo se submeter-se aos fins da educação, e não determiná-los; que o seu uso não deverá ser restrito a nenhuma área de ensino; a priorização da formação do professor quanto aos aspectos teóricos, participação em pesquisa e experimentação, além do envolvimento com a tecnologia do computador e, por fim, que a tecnologia a ser utilizada seja de origem nacional (OLIVEIRA, 1997, p. 32-33).

36 INFORMÁTICA NA EDUCAÇÃO

1983

Criação da **Comissão Especial de Informática na Educação (CE/IE)** ligada à SEI, à CSN e à Presidência da República. A comissão era composta por membros do MEC, SEI, CNPQ, Finep e Embratel, que tinham como missão desenvolver discussões e implementar ações para levar os computadores às escolas públicas brasileiras.

Criação do **Projeto Educom – Educação com Computadores**. Foi a primeira ação oficial e concreta para disponibilizar computadores nas escolas públicas. Foram criados cinco centros para desenvolver projetos-piloto, responsáveis pela pesquisa e disseminação do uso dos computadores no processo de ensino-aprendizagem.

1984

Oficialização dos centros de estudo do Projeto Educom, composto pelas seguintes instituições: Universidade Federal de Pernambuco (UFPE), Universidade Federal do Rio de Janeiro (UFRJ), Universidade Federal de Minas Gerais (UFMG), Universidade Federal do Rio Grande do Sul (UFRGS) e Universidade Estadual de Campinas (Unicamp). Os recursos financeiros para esse projeto eram oriundos do Finep, da Funtevê e do CNPQ.

1986 1987

Criação do **Comitê Assessor de Informática para Educação de Ensinos Fundamental e Médio (Caie/Seps)**, subordinado ao MEC. O objetivo era definir os rumos da Política Nacional de Informática Educacional a partir do Projeto Educom. As principais ações foram: realização de concursos nacionais de softwares educacionais; redação de um documento sobre a política por eles definida; implantação de Centros de Informática Educacional (CIEs) para atender cerca de 100 mil usuários, em convênio com as Secretarias Estaduais e Municipais de Educação; definição e organização de cursos de formação de professores dos CIEs e efetuar a avaliação e reorientação do Projeto Educom (OLIVEIRA, 1997).

CAPÍTULO 2 | O COMEÇO DA HISTÓRIA DA POLÍTICA DA INFORMÁTICA NA EDUCAÇÃO NO BRASIL

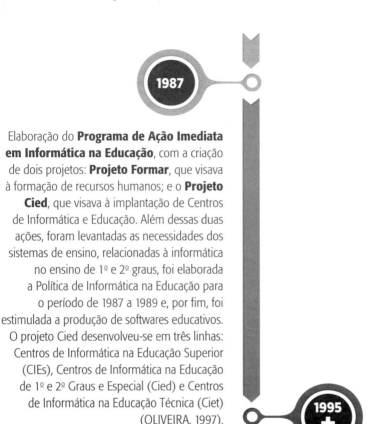

1987

Elaboração do **Programa de Ação Imediata em Informática na Educação**, com a criação de dois projetos: **Projeto Formar**, que visava à formação de recursos humanos; e o **Projeto Cied**, que visava à implantação de Centros de Informática e Educação. Além dessas duas ações, foram levantadas as necessidades dos sistemas de ensino, relacionadas à informática no ensino de 1º e 2º graus, foi elaborada a Política de Informática na Educação para o período de 1987 a 1989 e, por fim, foi estimulada a produção de softwares educativos. O projeto Cied desenvolveu-se em três linhas: Centros de Informática na Educação Superior (CIEs), Centros de Informática na Educação de 1º e 2º Graus e Especial (Cied) e Centros de Informática na Educação Técnica (Ciet) (OLIVEIRA, 1997).

1995

Criação do **Proinfo**, projeto para formação de Núcleos de Tecnologias Educacionais (NTEs) em todos os estados do país. Os NTEs eram compostos por professores que receberiam capacitação no nível de pós-graduação na área de informática educacional, para que pudessem exercer o papel de multiplicadores dessa política. Todos os estados receberiam computadores, de acordo com o número de alunos matriculados nas escolas públicas com mais de 150 alunos.

Figura 2.2 Política da Informática na Educação.
Fonte: adaptado de Oliveira (1997).

38 INFORMÁTICA NA EDUCAÇÃO

Vale ressaltar que os centros do Projeto Educom, apesar de terem sido desenvolvidos com uma base comum, tinham suas especificidades, resumidas a seguir:

- **UFRJ:** desenvolvido pela Coordenação de Informática na Educação Superior, integrada pela Cies, Educom e Faculdade de Educação da UFRJ, em três grandes áreas: tecnologia educacional, tecnologia de softwares educacional (corresponderam a cerca de 80% das pesquisas) e investigação sobre os efeitos sociais, culturais e éticos no processo educacional gerados pelo uso do computador. Sua proposta inicial era voltada ao Ensino Médio.

- **UFMG:** desenvolvido pelo Departamento de Ciências da Computação. Atua nas áreas de informatização de escolas, desenvolvimento e avaliação de Programas Educativos pelo Computador, capacitação de recursos humanos e utilização da informática na educação especial (forma alternativa de comunicação entre crianças com paralisia cerebral e o mundo que as rodeia). A formação de recursos humanos está relacionada à interdisciplinaridade, à visão construtivista no processo de ensino-aprendizagem e ao estudo das implicações, sociopolíticas e culturais da utilização da informática no ambiente educacional. As atividades desse centro contavam com a participação de docentes e gestores de escolas públicas e particulares dos Ensinos Fundamental, Médio e Superior.

- **UFPE:** desenvolvido pelo Centro de Educação da instituição. Inicialmente, suas atividades eram voltadas à formação de profissionais capacitados, ao desenvolvimento de competências para análise de programas educativos e à análise do potencial da utilização da linguagem Logo, linguagem de programação voltada a crianças.

- **UFRGS:** desde de 1970, o Laboratório de Estudos Cognitivos (LEC) vem realizando experiências com a informática educativa para avaliar a contribuição do computador no processo de aprendizagem, além de pesquisar a sua utilização na educação de crianças especiais. Em 1973, o Departamento de Informática iniciou pesquisas e trabalhos para o desenvolvimento de softwares educativos. Somente em 1984 é que começou a ser desenvolvido o Projeto Educom, no qual o LEC passou a orientar suas atividades à introdução do Logo como recurso de aprendizagem do aluno, à elaboração de um modelo de interação cognitiva entre o professor e o aluno nas tarefas realizadas no computador, à produção de materiais e à formação de professores para o trabalho com o computador na linha construtivista.

- **Unicamp:** é a pioneira na pesquisa sobre o uso do computador no processo de ensino-aprendizagem. Sua linha de atuação não abrangeu a área de desenvolvimento de softwares, dada a falta de estrutura para competir com empresas privadas. Seus trabalhos foram voltados à utilização da linguagem Logo para capacitação

CAPÍTULO 2 | O COMEÇO DA HISTÓRIA DA POLÍTICA DA INFORMÁTICA NA EDUCAÇÃO NO BRASIL **39**

de professores e realização de atividades nas escolas de Ensinos Fundamental e Médio, visando à investigação do potencial do uso de computadores no processo de ensino-aprendizagem.

A partir de todas as iniciativas do Projeto Educom, foram desenvolvidos vários movimentos estaduais e municipais em várias cidades do Brasil. Com apoio do Governo Federal e desenvolvido pela Secretaria de Educação a Distância (SEED/MEC), o projeto de informática educativa mais ambicioso estabelecido no país foi o Programa Nacional de Tecnologia Educacional (ProInfo), formalizado por meio da Portaria nº 522, de 9 de abril de 1997, pelo então ministro da Educação, Paulo Renato Souza (BRASIL, 1997).

O objetivo do ProInfo era introduzir a tecnologia de informática nos Ensinos Fundamental e Médio na rede pública de ensino no Brasil. Entre as propostas, estava a introdução da informática na cultura escolar, com a utilização de redes técnicas de armazenamento, transformação, produção e transmissão de informações.

A capacitação dos professores e da equipe administrativa das escolas para atuar no projeto foi de responsabilidade do Núcleo de Tecnologia Educacional (NTE). O objetivo era fornecer apoio ao processo de informatização das escolas, auxiliar o processo de incorporação e planejamento das novas tecnologias, além de oferecer suporte técnico. O programa tinha como objetivo ser implantado em todos os estados do território nacional, e a distribuição dos computadores teve como referência o número de alunos matriculados em cada estado. Foi prevista a aquisição de 100 mil computadores, cuja instalação nas escolas estaria de acordo com os critérios acordados entre a SEED/MEC e as Secretarias Estaduais da Educação (SEE).

O ProInfo tem como objetivos:

- melhorar a qualidade do processo de ensino-aprendizagem;
- possibilitar a criação de uma nova ecologia cognitiva nos ambientes escolares, mediante a incorporação adequada das novas tecnologias de informação nas escolas;
- propiciar uma educação voltada ao desenvolvimento científico e tecnológico;
- educar para uma cidadania global em uma sociedade tecnologicamente desenvolvida.

Na primeira etapa do projeto (1997-1998), previu-se beneficiar cerca de 6 mil escolas, que corresponderiam a 13,4% do universo de 44,8 mil escolas públicas brasileiras de Ensinos Fundamental e Médio com mais de 150 alunos. Considerando-se os três turnos oferecidos, dois alunos por máquina e dois períodos de aula por semana, estimava-se, durante o período letivo, atender a 66 alunos por máquina.

40 INFORMÁTICA NA EDUCAÇÃO

Tabela 2.1 Distribuição de quotas de computadores por Estado

UF	% Nº Escolas > 150 Alunos	% Nº Matrículas	Média	Quantitativos
Centro-Oeste				
DF	0,93%	1,17%	1,05%	1.050
GO	3,75%	3,25%	3,50%	3.500
MS	1,45%	1,32%	1,38%	1.380
MT	1,74%	1,53%	1,64%	1.640
	7,87%	7,27%	7,57%	7.570
Nordeste				
AL	1,60%	1,46%	1,53%	1.530
BA	9,30%	8,52%	8,91%	8.910
CE	4,18%	4,27%	4,22%	4.220
MA	4,16%	3,87%	4,02%	4.020
PB	2,26%	1,89%	2,07%	2.070
PE	4,48%	4,93%	4,71%	4.710
PI	2,05%	1,71%	1,88%	1.880
RN	1,96%	1,66%	1,81%	1.810
SE	1,11%	1,13%	1,12%	1.120
	31,11%	29,44%	30,27%	30.270
Norte				
AC	0,41%	0,38%	0,40%	400
AM	1,36%	1,71%	1,54%	1.540
AP	0,31%	0,35%	0,33%	330
PA	3,91%	4,23%	4,07%	4.070
RO	0,74%	0,86%	0,80%	800
RR	0,19%	0,20%	0,20%	210
TO	1,24%	1,06%	1,15%	1.150
	8,18%	8,81%	8,49%	8.500
Sudeste				
ES	1,86%	1,86%	1,86%	1.860
MG	11,47%	11,38%	11,43%	11.430
RJ	6,69%	5,88%	6,28%	6.280
SP	15,79%	21,15%	18,47%	18.470
	35,83%	40,27%	38,04%	38.040

UF	% Nº Escolas > 150 Alunos	% Nº Matrículas	Média	Quantitativos
Sul				
PR	7,04%	5,84%	6,44%	6.440
RS	6,73%	5,39%	6,06%	6.060
SC	3,25%	2,98%	3,12%	3.120
	17,02%	14,21%	15,62%	15.620
BRASIL	100%	100%	100%	100.000

Fonte: Censo Educacional de 1996 (Proinfo/MEC).

Até 2002, de acordo com o *Relatório Preliminar de Avaliação – Perspectivas e Desafios* (2002), emitido pelo Ministério da Educação, foram implantados 268 NTEs e beneficiadas 2881 escolas em todo o Brasil, sendo 306 na região Norte, 1.036 no Nordeste, 1.931 no Sudeste, 841 no Sul e 309 no Centro-Oeste. Foram capacitados 302 técnicos, 1.419 professores multiplicadores e 20.905 professores das escolas envolvidas no Programa.

Em 12 de dezembro de 2007, por meio do Decreto nº 6.300, o ProInfo foi reestruturado e passou a ter por objetivo a produção do uso pedagógico das tecnologias da informações e comunicação nas redes públicas de educação básica (BRASIL, 2007).

2.3 PARADIGMA EDUCACIONAL EMERGENTE

Atualmente, existe uma pauta contendo novos valores e concepções voltados à responsabilidade dos educadores. Essa pauta foi relatada por Maria Cândido Moraes, em seu livro *O Paradigma Educacional Emergente* (1997). Moraes foi idealizadora e coordenadora do Projeto Educom (1984-1987) e do Proinfo/MEC (1989).

Entre as principais questões abordadas, podemos citar:

- **Mudança na missão da escola:** o aprendizado deve ser significativo para o estudante.

- **O foco é o aprendiz:** cada indivíduo tem um perfil particular de inteligências e de relações dialéticas com o mundo.

- **Do ensino à aprendizagem:** a ênfase no "aprender" em vez de focar no "ensinar". O conhecimento provoca mudanças e transformações.

- **Aprender a aprender:** cabe ao educador provocar perturbações, desequilíbrios e limitar o próprio desequilíbrio ao criar questionamentos sobre os quais os alunos devem aprender a refletir, para que possam construir conhecimento e reforçar a aprendizagem.

42 INFORMÁTICA NA EDUCAÇÃO

- **Currículo em ação:** o currículo deve ser flexível, aberto e interpretativo, adaptando-se a cada realidade local e aos alunos.

- **Educador-educando:** o educador está sempre aprendendo. Assume o papel de pesquisador, um indivíduo que está sempre em processos de mudança e em busca de novos saberes.

- **Educação como um diálogo aberto:** a aprendizagem é construída pelo diálogo que o indivíduo mantém consigo mesmo e com os outros.

- **Autoconhecimento e reconhecimento do outro:** a partir do seu autoconhecimento, o indivíduo desenvolve atividades práticas que podem mudar os sistemas externos.

- **Visão ecológica – interatividade e interdependência:** a ecologia deve ser compreendida como interdependência e interação entre os organismos vivos e a natureza, como o conjunto de todos os seres.

- **Emergência espiritual:** compreensão de que a matéria é constituída de energia, cabendo à educação um papel que transcenda às questões físicas do convívio humano.

- **Importância do contexto:** a educação necessita ser contextualizada com fatores histórico-culturais, biológicos e pessoais.

- **Além da escola:** aprendizado sem fronteiras, limites de idade e pré-requisitos burocráticos. Há uma nova abertura com relação à comunidade na qual a escola está inserida, isto é, a escola é expandida.

- **Inter e transdisciplinaridade:** prevalece no paradigma emergencial uma visão integrada, articulada e atualizada a qual está em processo de reconstrução contínua, integrando as diversas áreas do conhecimento e constituindo novas áreas.

- **Mudanças no conhecimento e nos espaços do conhecimento:** o novo cenário cibernético promove mudanças na maneira como pensamos, conhecemos e aprendemos. O ciberespaço é um novo ambiente para o desenvolvimento de novos saberes.

- **Inteligências múltiplas:** as inteligências têm amplas relações biológicas e antropológicas. Elas podem ser desenvolvidas, desde que sejam oferecidas condições apropriadas e oportunas.

- **Intuição e criatividade:** devem ser estimuladas, visto que possuem grande relação com os aspectos intra, inter e transpessoal. Elas estimulam a capacidade de transcendência do ser humano.

- **Mudanças no conhecimento e nos espaços do conhecimento:** o novo cenário cibernético provoca mudanças na maneira como pensamos, conhecemos e aprendemos.

CAPÍTULO 2 | O COMEÇO DA HISTÓRIA DA POLÍTICA DA INFORMÁTICA NA EDUCAÇÃO NO BRASIL 43

- **Instrumentações eletrônicas e redes telemáticas:** para sobrevivência das sociedades, todos os indivíduos devem saber trabalhar com as novas tecnologias da informação.

- **Qualidade com equidade:** é preciso evitar a criação de uma minoria disfuncional em uma sociedade cada vez mais tecnológica. É necessária a valorização da qualidade da ação educacional, e não apenas do atendimento quantitativo. Com a equidade, é possível compreender as diferenças e adequá-las à diversidade, além de saber lidar com as diferenças de modo a favorecer a igualdade nos direitos e deveres.

Estando ciente desses novos paradigmas educacionais, os atores envolvidos com a educação formal ou não formal conseguem se posicionar e atuar adequadamente em suas atividades, adaptados à nova educação brasileira ou em qualquer outra localidade. Atores da educação: estamos diante de um mundo globalizado ou, como o jornalista estadunidense Thomas Friedman[1] prefere dizer, estamos em um mundo planificado, em que as relações entre os indivíduos e organizações ocorrem além dos muros e fronteiras físicas.

> Perceba que esses paradigmas estão associados ao momento histórico mencionados nos Capítulos 1 e 11.

---

1   Thomas Loren Friedman (1953-) é jornalista estadunidense, editorialista do jornal *The New York Times* e autor do *best-seller O Mundo é Plano – Uma Breve História do Século XXI* (2005), que analisa o progresso da globalização.

PARA REFLETIR

1. Pesquise e descreva criticamente as principais ações da Política da Informática na Educação no Brasil.

2. O ciberespaço pode ser considerado um ambiente propício para a concretização do paradigma educacional emergente?

3. Pesquise, no seu estado e município, os projetos de informática na educação desenvolvidos pelo Poder Público. Como eles estão acontecendo? Quais são as propostas? Quais são os objetivos quantitativos e qualitativos?

4. Faça uma pesquisa sobre as organizações não governamentais que desenvolvem projetos de inclusão digital no seu estado e município e sobre como elas desenvolvem o trabalho. Investigue também as empresas que contribuem com recursos para esses projetos.

CAPÍTULO 3

CONCEITOS E REFLEXÕES SOBRE TECNOLOGIA EDUCACIONAL: PARA ALÉM DOS RECURSOS DIGITAIS

OBJETIVOS

- Conceituar os termos "técnica" e "tecnologia educacional".
- Promover reflexões quanto ao uso das tecnologias no dia a dia.
- Apresentar a incorporação de vários instrumentos tecnológicos no ambiente educacional.
- Expor as visões tecnicista e apocalíptica na utilização de tecnologias na sociedade.
- Relacionar as principais diferenças entre o computador e os diversos recursos tecnológicos existentes e que podem ser utilizados no ambiente educacional.

46 INFORMÁTICA NA EDUCAÇÃO

O objetivo do Capítulo 3 é apresentar vantagens e justificativas para o uso da tecnologia na educação, além de fornecer orientações para o desenvolvimento de projetos educacionais com o uso de computadores. Também mostraremos a importância de qualificar professores e participantes da educação, além de apresentar experiências educacionais com uso de tecnologia. É importante que os profissionais envolvidos com a educação desenvolvam uma visão crítica sobre o uso da tecnologia e entendam quais são as implicações dos avanços tecnológicos. Portanto, este capítulo aborda questões sobre o uso da informática na área educativa, para que possamos refletir e atuar de forma mais consciente e crítica.

Existem mitos a respeito do uso das tecnologias na área educacional, e sabemos que muitas perguntas ainda estão sem respostas. Também vamos tratar desse tema aqui, incluindo o conceito de técnica.

3.1 COMPREENDENDO O CONCEITO DE TÉCNICA

A palavra "técnica" é originária do verbo grego *tictein*, que significa criar, produzir, conceber, dar à luz. Para os gregos, essa palavra sempre teve um sentido amplo, não restrito a equipamentos e instrumentos físicos, incluindo a relação da técnica com o meio e seus efeitos e não deixando de questionar o "como" e o "por quê". A técnica está relacionada à mudança no modo de produzir. O produtor muda a forma de operar, e o resultado afeta a comunidade como um todo.

O sentindo de técnica tornou-se mais restrito a partir da primeira Revolução Industrial, em que o "produto" passou a ser o objeto mais importante. A técnica virou sinônimo de instrumentos. Atualmente, o termo "tecnologia" incorporou o sentido amplo do verbo *tictein*, mas ainda sofre os impactos instrumentais, visto que muitos indivíduos ainda não a associa às questões sociais e culturais.

CAPÍTULO 3 | CONCEITOS E REFLEXÕES SOBRE TECNOLOGIA EDUCACIONAL: PARA ALÉM DOS RECURSOS DIGITAIS

O homem vive no imperativo tecnológico, condição na qual a sociedade como um todo se submete a aceitar e desejar a exigência de incorporar novas tecnologias sem uma crítica e sem perceber se será para melhor ou não (SANCHO, 1998). E nós nos perguntamos: por que um computador apresenta tantos recursos, se utilizamos apenas aqueles básicos? Fazemos parte de um preconceito e o influenciamos: devemos adotar o que for mais novo e abandonar o mais velho, sem nos questionar. Consideramos o que é mais novo como o melhor, caso contrário, consideramo-nos "desatualizados". Isso é conhecido como imperativo tecnológico, conforme menciona Pierre Levy (1993), ou seja, sentimo-nos na obrigação de estar sempre com o recurso mais novo, mesmo que não aproveitemos todas as suas potencialidades.

A escola também é parte das mudanças tecnológicas, mas o processo parece acontecer de forma bem mais lenta. Por séculos, o ensino foi destinado apenas a minorias privilegiadas. A primeira grande conquista tecnológica foi o livro, que, há anos, vem sendo o principal instrumento de ensino. Porém, não paramos para pensar que o livro é resultado de uma técnica. Por quê? Porque já faz parte da nossa rotina. Tapscott (1997) considera que a tecnologia só pode ser entendida como tecnologia quando ela nasce depois de nós. Ao nascermos, tudo que está ao nosso redor é tão natural que nem percebemos que se trata de uma tecnologia.

Os primeiros livros datam da Idade Média. Eram enormes e ficavam presos por correntes. A leitura era realizada em voz alta no átrio, para que a plateia pudesse ouvir o conteúdo. Com o passar do tempo, os livros deixaram de ser confeccionados em papiro e passaram a ser escritos em papel. Somente com a impressão é que passaram a ser democratizados, com tamanho e volume reduzidos e, mais tarde, com preços mais acessíveis. Já imaginou o impacto dessa evolução tecnológica naquela época? É possível compará-la às mudanças na área de telecomunicação ocorridas na atualidade.

Incorporamos os hieróglifos, as palavras escritas, os códigos, os livros, os correios, o telefone, o rádio, a televisão, o fax, o telefone celular, o e-mail e a internet. O que ainda somos capazes de criar? A cada momento surge uma nova possibilidade tecnológica de comunicação. Seriam apenas inovações tecnológicas para aumentar a velocidade de comunicação?

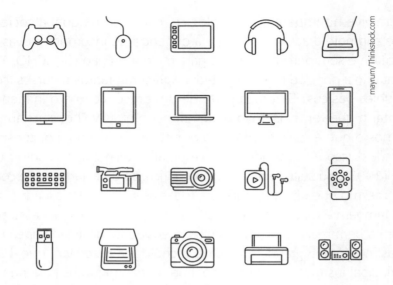

Figura 3.1 Formas de comunicação.

A inovação já é essencial para a sociedade atual, pois já somos dependentes de equipamentos e formas de comunicação específicas, que podem permitir o desenvolvimento ilimitado. Mas, com as novas tecnologias, será que mudamos ou apenas trocamos os instrumentos utilizados? Novos instrumentos são determinantes para o progresso?

A inovação é estimulada pelas empresas de ponta, que estão sempre em busca de desenvolver novas tecnologias e, assim, manter a posição de liderança. Tais mudanças impactam significativamente no cenário econômico, tanto para as empresas quanto para os usuários.

A tecnologia na educação teve dois momentos importantes: nas décadas de 1950 e 1960, ela era vista como o estudo dos meios como geradores de aprendizagens e, a partir da década de 1970, foi redirecionada ao estudo do ensino como processo tecnológico. Tickton (*apud* SANCHO, 1998, p. 53) define tecnologia educacional da seguinte forma:

> É uma maneira sistemática de elaborar, levar a cabo e avaliar todo o processo de aprendizagem em termos de objetivos específicos, baseados na investigação da aprendizagem e da comunicação humana, empregando uma combinação de recursos humanos e materiais para conseguir uma aprendizagem mais efetiva.

3.2 COMPREENDENDO A TECNOLOGIA EDUCACIONAL

A Tecnologia Educacional não é uma ciência, mas uma disciplina orientada à prática controlável e ao método científico, tendo como referência o uso de recursos tecnológicos, com maior enfoque nas tecnologias digitais. Ela sofre influência de teorias de psicologia da aprendizagem, teorias da comunicação, teoria de sistemas e dos novos aprimoramentos tecnológicos (informática, televisão, rádio, vídeo, áudio, impressos). Esses recursos podem ser aplicados em diferentes formas de aprendizagem, nas fases de desenvolvimento infantil, nos diversos tipos de meios de comunicação. O objetivo é realizar a integração de todos esses componentes de forma conjunta e interdependente, com base em atividades educacionais e sociais.

Figura 3.2 Utilização de computadores em sala de aula como parte da metodologia de ensino.

Na década de 1950, os altos investimentos na área de treinamento militar nos Estados Unidos tiveram grande importância para o desenvolvimento das tecnologias educacionais. O objetivo daquelas práticas era detectar quais eram o meio e os instrumentos mais eficazes para ensinar qualquer aluno. Na década de 1960, foram inseridas a esses estudos análises cognitivas, cujo objetivo era identificar a aprendizagem dos alunos.

A partir da década de 1970, a Tecnologia Educacional ganhou duas visões: restrita (limitando-se à utilização de aparelhos e instrumentos) e ampla (um conjunto de procedimentos, princípios e lógicas para resolver os problemas da educação).

Quando os recursos tecnológicos começaram a ser introduzidos na área educacional, pensou-se que os instrumentos solucionariam todos os problemas educacionais, podendo, inclusive, substituir os próprios professores. Atualmente, percebe-se que

INFORMÁTICA NA EDUCAÇÃO

existe a possibilidade de utilizar a tecnologia para sistematizar os processos e a organização educacional e reestruturar o papel do professor.

Como a implantação da informática na área educacional é recente, a eficiência de sua utilização ainda é questionada. Porém, com o passar do tempo, será possível perceber que a tecnologia não é um instrumento limitado, mas que oferece várias possibilidades para os alunos, como realização de pesquisas e simulações, comunicação ou entretenimento. Os professores e pedagogos devem definir o objetivo do uso da informática na educação, pois, mesmo quando usada de forma restrita, ela pode agregar valor.

O início do uso da Tecnologia Educacional teve um enfoque tecnicista, prevalecendo como mais importante a utilização em específico do instrumento sem a real avaliação do seu impacto no meio cognitivo e social. Inicialmente, a Tecnologia Educacional era caracterizada pela possibilidade de utilizar instrumentos visando à racionalização dos recursos humanos e, de forma mais ampla, à prática educativa.

A tecnologia educacional, como campo que estuda o uso dos recursos tecnológicos, vem ganhando novo espaço nos ambientes educacionais, de forma cada vez mais integrada às metodologias ativas, propondo transformar o processo de aprendizagem em algo mais dinâmico e interativo, favorecendo a melhor inserção das tecnologias como instrumentos que vão além das técnicas em si, mas que provocam impactos e promovem mudanças sociais, culturais, econômicas e até mesmo políticas. A incorporação desses novos conhecimentos sobre o uso dos recursos tecnológicos condiciona-nos a uma nova expressão: o "analfabetismo tecnológico", que nos remete ao conhecimento desses recursos para não sermos considerados analfabetos, ou seja, não saber lidar com as opções tecnológicas significa que somos ignorantes, que não estamos incluídos.

3.2.1 Aplicação da Tecnologia Educacional

Na educação, existem dois grupos que utilizam a tecnologia: os integrados e os apocalípticos. Os integrados acreditam que incorporar a tecnologia é, por si só, uma inovação. Seria importante acompanhar continuamente o desenvolvimento da ciência e da tecnologia.

De acordo com Colom Cañellas (*apud* LITWIN, 1997, p. 29),

> [...] utilizando a informática, o homem alcança novas possibilidades e estilos de pensamento inovador jamais postos em prática. [...] A tecnologia vai transformando, também, as nossas mentes porque de alguma maneira temos acesso aos dados, mudamos nosso modelo mental da realidade [...]. Os integrados entendem a tecnologia como neutra, objetiva, positiva em si mesma e científica. Incorporá-la é sinônimo de progresso [...].

CAPÍTULO 3 | CONCEITOS E REFLEXÕES SOBRE TECNOLOGIA EDUCACIONAL: PARA ALÉM DOS RECURSOS DIGITAIS **51**

Os apocalípticos já não acreditam que a tecnologia é neutra, isto é, seria preciso conhecer todas as possibilidades da inovação para aplicá-la de forma correta. Assim, é possível que poucos de fato se especializem, enquanto a maioria das pessoas continue com níveis baixos de qualificação.

Para muitos, as tecnologias delimitam o poder, ou seja, quem detém tecnologia tem o poder. Isso não se restringem apenas ao monopólio dos países desenvolvidos, mas ao nosso próprio cotidiano. Quem são as pessoas que possuem computadores, tablets, smartphones, TV com acesso à Internet, TV a cabo em suas casas?

> Quer saber mais sobre a relação entre poder e tecnologia? Veja as ideias de Toffler (1983) nos Capítulos 2 e 11.

Apesar de muitos benefícios, a tecnologia pode provocar inércia, visto que é possível fazer compras no supermercado sem sair de casa, pagar contas pelos *home bankings*; assim como também é possível fazer cursos graduação, pós-graduação ou mesmo de idiomas pela internet, precisando apenas de um computador. Podemos fazer praticamente tudo sentados na frente do computador e dentro de casa, sem a necessidade de gastar dinheiro com transporte e roupas para trabalhar, sem pegar trânsito, entre outros.

> Veja, nos Capítulos 9 e 10, como é possível utilizar a internet no campo da educação e em outros espaços fora da escola. Tudo parece ser possível...

Contudo, embora haja ganhos significativos em termos de tempo e qualidade de vida, essa forma também faz com que percamos ou minimizemos um dos aspectos mais importantes para o ser humano: o contato presencial com as pessoas. Apesar do avanço tecnológico, nenhuma nova tecnologia substituirá a mais perfeita tecnologia humana. Se não usada de forma correta e com acompanhamento, a internet pode se tornar um problema.

52 INFORMÁTICA NA EDUCAÇÃO

Figura 3.3 Práticas como trabalho remoto, compras e estudos podem ser realizadas no computador e trazer benefícios. Mas é preciso cuidado para evitar excessos.

Diante desse cenário, é importante prestar atenção em alguns pontos, conforme descrito a seguir:

- Ao usarmos as tecnologias, devemos verificar seu impacto na relação homem × sociedade.
- Alguns estudiosos afirmam que tecnologia nem sempre é neutra. Eles acreditam que certas inovações foram criadas para atender a determinados interesses de grupos específicos.
- Outra corrente de estudiosos acredita que, sim, a tecnologia é neutra. Seu uso, porém, varia de acordo com a intenção de cada indivíduo.
- O sistema educacional deve adaptar a tecnologia à realidade pedagógica e social de sua instituição de ensino.
- As instituições educacionais de ensino também produzem tecnologia (softwares, livros, vídeos, jornais). Além disso, cabe ao sistema educacional propor críticas a respeito das produções tecnológicas, criando conexões entre tecnologia, didática e cultura.

Inserida no cenário tecnológico, a escola terá melhores condições de apresentar aos alunos situações que retratam a realidade, o que pode tornar as atividades mais significativas e menos abstratas. O autor Pablo del Río (*apud* LITWIN, 1997, p. 32) afirma que "a escola se especializou em dizer coisas que a criança considera certas mas não reais (não significativas para a vida), enquanto a televisão, por exemplo, lhe dá coisas reais embora nem sempre certas".

Para incorporar a tecnologia no contexto escolar, é necessário:

- verificar a opinião dos docentes sobre os impactos da tecnologia na educação;
- discutir com os alunos os impactos que a tecnologia provoca em seu cotidiano e como cada um se relaciona com os diversos instrumentos tecnológicos;
- integrar os recursos tecnológicos de forma significativa com o dia a dia educacional.

> As considerações sobre tecnologia podem ser entendidas na prática quando associadas às etapas de implementação de um projeto de informática na educação. Confira o Capítulo 6.

Ao utilizar recursos tecnológicos para realizar novas práticas pedagógicas, é importante determinar os objetivos e as metas que se desejam alcançar, além de avaliar os benefícios e limitações do uso da tecnologia no ensino.

3.3 AMPLIAÇÃO DO CONCEITO DE TECNOLOGIA

O termo tecnologia vai muito além do computador em si, referindo-se também a questões não tangíveis. Podemos classificar a tecnologia em três grandes grupos:

1. **Tecnologias físicas:** são as inovações que modificam instrumentais físicos, como caneta esferográfica, livro, telefone, aparelho celular, satélites, computadores. Estão relacionadas a disciplinas como Física, Química e Biologia.
2. **Tecnologias organizadoras:** referem-se às formas como nos relacionarmos com o mundo ou como os diversos sistemas produtivos estão organizados. As modernas técnicas de gestão, com base na qualidade total, podem ser um exemplo de tecnologia organizadora. Os métodos de ensino, seja tradicional, construtivista ou montessoriano, também são tecnologias de organização das relações de aprendizagem.

3. Tecnologias simbólicas: relacionam-se às formas de comunicação interpessoais, desde o surgimento da escrita e da fala. São os símbolos de comunicação.

Essas tecnologias estão intimamente interligadas e interdependentes. Ao escolhermos uma tecnologia, optamos por um tipo de cultura, que está relacionada ao momento social, político e econômico de um povo ou país.

Figura 3.4 Diferentes tipos de tecnologias.

As escolas também podem ser consideradas desenvolvedores de tecnologia, porque criam alternativas e soluções para a educação e a aprendizagem. Sancho (1998, p. 39) afirma:

> A escola é uma tecnologia da educação, no mesmo sentido em que os carros são uma tecnologia do transporte. Com a escolaridade maciça, as salas de aula são invenções tecnológicas criadas com a finalidade de realizarem uma tarefa educacional. São um meio de organizar uma grande quantidade de pessoas para que possam aprender determinadas coisas.

A necessidade de entendermos a abrangência desses conceitos nos permite visualizar as diversas mudanças na sociedade de uma forma mais integrada, mais próximas de nós.

O termo Tecnologia Educacional é considerado essencial para diversos educadores, praticamente um sinônimo de futuro. Mas é preciso lembrar que a tecnologia educacional ainda está relacionada a antigos instrumentos utilizados no processo ensino-aprendizagem, como o giz, a lousa, o retroprojetor, o vídeo e a televisão, por exemplo. Assim, por que o computador é uma das ferramentas mais utilizadas atualmente?

Em geral, os instrumentos pedagógicos são de uso limitado. Por exemplo, um professor inclui em seu planejamento de aula apresentar aos alunos determinado programa de rádio. Para isso, a aula precisa acontecer no horário do programa ou o professor precisará gravá-lo. Como essa nova geração de estudantes tem intimidade com a tecnologia, não conseguiriam realizar interação com o rádio. Com o videocassete, utilizado há muitos anos, mas já fora de uso, também não havia a possibilidade de interatividade. O retroprojetor, por exemplo, tornou-se mais utilizado, pois torna a aula mais atrativa, apesar de não gerar interação direta. A televisão também é um instrumento passivo, sendo preciso se adequar à programação prevista pelas emissoras.

Figura 3.5 Amplitude dos recursos dos computadores.

No cenário educacional, o computador possibilita a interação com plataformas e aplicativos em tempo real, desenvolvimento de aprendizagem individualizada ou em grupo, realização de pesquisas sobre diversos temas, por exemplo. Além disso, o computador pode ainda incorporar vários dos recursos tecnológicos citados anteriormente, como a transmissão de programas de TV ou rádio.

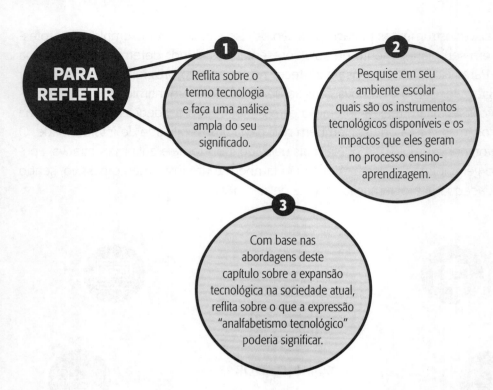

CAPÍTULO
4

O COMPUTADOR COMO MEIO E FIM

OBJETIVOS

- Apresentar as diversas modalidades da informática na educação.
- Mostrar a utilização da informática para fins pedagógicos e sociais.
- Informar os aspectos positivos que os ambientes de informática na educação proporcionam.

Ainda não existem avaliações definitivas quanto ao uso do computador como instrumento de ensino. O que existe são análises parciais que, de forma geral, divulgam questões como a necessidade de formação e atualização dos educadores, como a tecnologia atrai mais a atenção dos alunos, o computador torna mais fácil o aprendizado de disciplinas consideradas difíceis, como a Física e a Química, e ajuda a melhorar o desempenho escolar.

No final do século XX, muitas escolas ainda tratavam como um diferencial ter um laboratório de informática, o que se transformou quase em uma obrigação hoje. O que é realmente importante é como a escola utiliza essa tecnologia, isto é, integrada aos interesses educacionais e para a formação dos alunos.

A seguir serão apresentadas várias estratégias de como os recursos computacionais podem ser utilizados nas escolas.

4.1 MODALIDADES DE APLICAÇÃO DA INFORMÁTICA NA EDUCAÇÃO E SOFTWARES

Após pesquisas frequentes em diversas escolas de vários estados e com diferentes linhas pedagógicas, foi possível relacionar diversas formas de utilização da informática como mais um recurso didático no processo de ensino-aprendizagem. Podemos sugerir a classificação a seguir:

- **Logo:** é o principal software utilizado nos projetos educacionais. Esse software foi a primeira linguagem de programação desenvolvida para crianças, criada pelo matemático e educador estadunidense Seymour Papert (1928-2016) em 1986. Adapta-se perfeitamente às escolas que trabalham em ambiente construtivista, sendo também recomendado para crianças com dificuldades de aprendizagem. O Logo tem como característica básica sua forma de comunicação, que se aproxima muito da estrutura de pensamento da criança, possibilitando desenvolver a criatividade e explorar os micromundos fora dos limites impostos pelos currículos da escola tradicional. A criança aprende errando, analisando os erros e elaborando hipóteses válidas para a busca de suas possíveis soluções. O Logo é muito utilizado para o estudo da Geometria, mas professores de várias disciplinas os adotam para diferentes tipos de produção.

A utilização do Logo pode, ainda, ser classificada de duas formas:

a) **Tradicional ou inicial:** para elaboração de desenhos geométricos e desenhos em geral.

b) **Avançada:** relacionada à robótica educacional.

Em abril de 1998, durante o *Seminário 500 Anos do Brasil – Como se Muda o País por Intermédio da Educação*, promovido pela Rede Globo, Papert disse: "Desenvolvi a linguagem Logo para a realidade da década de 1980 em que não tínhamos os recursos tecnológicos disponíveis atualmente, entretanto, hoje dispomos de recursos mais sofisticados e que substituem em muitos aspectos a linguagem Logo." A internet é uma das ferramentas que Papert tanto elogiou para utilizações educativas. Ou seja, a cada nova tecnologia inserida na sociedade é necessário pensar a viabilidade de uso da internet na educação para que as escolas não se tornem um componente dissociado do contexto em que estão inseridas.

■ **Softwares educacionais:** as escolas optam pelos diversos softwares educacionais disponíveis no mercado conforme os interesses dos professores que usam a informática como recurso didático-pedagógico. Os professores buscam os softwares que se adaptam à sua proposta de ensino, sem a preocupação dos repasses de conteúdos tecnológicos. Cada vez mais os softwares oferecidos no mercado estão disponíveis em ambientes virtuais.

> No Capítulo 5, veja as possibilidades de uso dos softwares na educação, conforme as características que cada modalidade oferece, e integre esse conhecimento às metodologias ativas propostas no Capítulo 11.

Vale alertar que inúmeras escolas não têm utilizado essa modalidade de forma adequada, deixando os computadores já ligados e com os programas disponíveis, para que o aluno, ao chegar ao laboratório de informática, utilize as opções do programa de forma mecânica. Dessa forma, o aluno não realiza nenhuma prática de ligar o computador e acessar os programas, não conseguindo perceber o conjunto das relações existentes entre as utilidades reais do computador e a técnica em si. O professor deve ficar atento para uma real adequação dos softwares às suas ações na sala de aula. Muitos acham que, só por estarem utilizando softwares educacionais, já estão incluindo a prática da informática na educação.

A utilização do computador integrada a softwares educativos não garante uma adequada utilização dessa tecnologia como ferramenta pedagógica. O fato de um professor estar utilizando o computador para ministrar uma aula não significa, necessariamente, que esteja aplicando uma proposta inovadora. Muitas vezes, essa aula é tão tradicional quanto uma aula expositiva com a utilização do giz.

A indústria de desenvolvimento de softwares educacionais tem evoluído, mas muito ainda precisa ser melhorado. A maioria dos softwares disponíveis nada mais é do que um livro eletrônico. Alguns softwares educativos utilizam diversas mídias que podem ser agrupadas (som, texto, animação, desenho), mas não estimulam o desafio, a curiosidade e a resolução de problemas. Alguns softwares educacionais são rejeitados pelos próprios alunos, que reclamam, achando-os cansativos e sem atrativos.

Quando tivermos uma oferta maior de softwares educativos com as características de jogos de videogame, teremos softwares mais inteligentes e com maior aceitação por parte dos alunos. Os jogos de videogame estimulam o raciocínio, o desafio de novas fases, são dinâmicos e, quanto mais jogamos, mais animados ficamos. Sabemos que já existem softwares com essas características, mas ainda são poucos e com preços inacessíveis para um ambiente de informática em uma escola que precisa de muitos equipamentos.

O que se espera com a utilização do computador na educação é a realização de aulas mais criativas, motivadoras, dinâmicas e que envolvam os alunos para novas descobertas e aprendizagens.

- **Softwares aplicativos com finalidades tecnológicas:** são os editores de textos, planilhas eletrônicas, banco de dados e editores gráficos. A importância é dada apenas aos conceitos de informática, sem a preocupação de interatividade com a proposta pedagógica da escola. Essa modalidade é encontrada nas escolas que não acreditam na utilização da informática na educação, em casos nos quais a disciplina é abordada apenas como um instrumento em si mesmo. Outro exemplo de utilização dessa abordagem são as escolas de formação profissionalizante. As escolas de rede pública também utilizam essa modalidade, visto que existe uma grande evasão de alunos, em função da necessidade de começarem a trabalhar precocemente. Essas escolas acreditam que precisam acelerar o enfoque tecnológico, pois são aplicativos como editores de textos, planilhas eletrônicas, banco de dados, softwares gráficos e linguagens de programação, que seus alunos vão encontrar nas empresas de trabalho.

- **Softwares aplicativos com finalidades educativas:** a utilização de aplicativos em sala de aula é uma excelente estratégia para a escola, para os professores e para os próprios alunos. Os softwares aplicativos podem estar integrados às pesquisas escolares. Cabe ao professor estimular os alunos a utilizá-los para a elaboração das produções finais de seus trabalhos.

  Por meio dessa modalidade, a escola concilia questões de viabilidade econômica, pois dentro da maioria dos computadores já estão instalados os softwares aplicativos. Os alunos aprendem a manusear programas de utilizações genéricas e que coincidem com os programas disponíveis nos computadores de suas residências. Isso também serve para os professores.

  Essa modalidade geralmente funciona da seguinte forma: a partir de um conteúdo ou projeto, o professor estimula o aluno a desenvolver uma pesquisa e os alunos utilizam os aplicativos para elaborar a apresentação dos resultados. Nessa proposta, a escola apresenta noções básicas de informática e utiliza o computador como ferramenta para a produção de trabalhos, com base em pesquisas estimuladas pelos professores.

- **Integração das propostas (Logo, softwares educativos e aplicativos):** a escola preocupa-se em apresentar aos seus alunos um leque de possibilidades de utilização da informática, seja como instrumento de apoio e estímulo para o desenvolvimento cognitivo de seus alunos, seja como apoio e reforço do conteúdo visto em sala de aula ou, ainda, na introdução dos conceitos básicos da tecnologia da informática.

  As escolas que utilizam essa modalidade geralmente criam dois momentos de utilização de seus laboratórios: para orientações tecnológicas e para utilização da informática como instrumento pedagógico.

- **Internet como recurso didático:** com a grande expansão da utilização da internet, algumas escolas já realizam projetos educacionais por meio da rede mundial, como

> No Capítulo 9, trataremos dessa modalidade mais especificamente.

uma possibilidade de expandir pesquisas e intercâmbios entre estudantes e professores de diferentes locais.

- **Desenvolvimento de softwares:** apesar de já existirem no mercado diversos títulos educacionais, algumas escolas optam por desenvolver os próprios softwares educacionais. Essa modalidade requer um grande investimento financeiro por parte das escolas; entretanto, os softwares desenvolvidos respondem às reais necessidades da escola, visto que seus professores participam diretamente na avaliação, orientação e produção dos softwares.

Entre essas várias possibilidades de aplicação da informática na área educacional, cada uma delas tem seus objetivos específicos, e cada uma dessas modalidades deve ser usada nas situações de ensino-aprendizagem que mais se adaptam à realidade escolar. Cabe à escola avaliar a modalidade a ser utilizada e definir o momento.

De acordo com as orientações das estratégias baseadas nas metodologias ativas (descritas com mais detalhes no Capítulo 12), o uso de qualquer um dos softwares mencionados deve estar de acordo com o contexto de cada momento educacional, privilegiar o aluno e estimulá-lo, sempre com a mediação do educador. Observe o Quadro 4.1.

Quadro 4.1 Formas de uso dos softwares na educação

Utilização da informática na educação quanto à natureza dos softwares	
Logo	Softwares educacionais
Softwares aplicativos com finalidade tecnológica	Integração (Logo, softwares educacionais e aplicativos)
Softwares aplicativos com finalidade educativa	Internet
Desenvolvimento de softwares	

4.2 MODALIDADES DE APLICAÇÃO DA INFORMÁTICA NA EDUCAÇÃO E A PROPOSTA PEDAGÓGICA

De acordo com a proposta pedagógica das escolas, podemos classificar a utilização do computador de duas formas:

- **Por disciplina:** nessa modalidade, os professores utilizam os computa-dores como reforço, complementação ou sensibilização dos conteúdos abordados em sala de aula. É uma ação isolada, de interesse específico do professor, conforme a disciplina que ele ministra.

Figura 4.1 Ações disciplinares.

- **Projetos educacionais:** a informática é envolvida em um plano mais abrangente, uma vez que, em muitos casos, implica mudança de postura da escola com relação aos interesses dos alunos. A informática pode ser utilizada em disciplinas integradas aos temas comuns dos projetos.

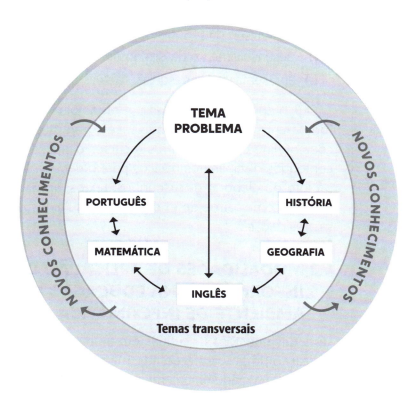

Figura 4.2 Aplicação da informática em projetos educacionais.

64 INFORMÁTICA NA EDUCAÇÃO

A estruturação de projetos que utilizam o computador como ferramenta pedagógica pode ocorrer seguindo estes passos:

a) apresentação e uma breve explicação do tema do projeto para os alunos;

b) aceitação do tema por parte dos alunos ou nova proposta de tema;

c) discussão com os alunos sobre o tema escolhido e os conhecimentos já acumulados no cotidiano;

d) elaboração de um roteiro para o estudo e pesquisa do tema escolhido;

e) escolha da bibliografia para a pesquisa;

f) apresentação dos roteiros individuais e, em seguida, a construção de um roteiro coletivo da equipe ou turma;

g) hierarquização dos tópicos do roteiro coletivo;

h) revisão da bibliografia para a pesquisa;

i) elaboração da pesquisa sobre os tópicos do projeto;

j) desenvolvimento de um dossiê sobre o projeto;

k) apresentação da pesquisa.

> A utilização dessas abordagens em projetos é considerada uma das estratégias de uso das metodologias ativas. Também podem ser usadas estratégias baseadas na problematização e na solução de questões complexas, mediadas por computadores, conforme descrito no Capítulo 12, com maior ênfase quando são mencionadas as possibilidades do Design Thinking. Leia a respeito também no Capítulo 11.

O uso do computador nessa metodologia ocorre durante toda a construção da pesquisa, seja para buscar informações on-line e/ou em outros recursos digitais, rever alguns conteúdos disciplinares básicos para o desenvolvimento do projeto ou elaborar os rascunhos, textos, apresentações e gráficos como forma de exibição dos resultados das pesquisas realizadas.

4.3 MODALIDADES DE APLICAÇÃO DA INFORMÁTICA NA EDUCAÇÃO E O AMBIENTE DE INFORMÁTICA

Uma das questões discutidas em âmbito escolar envolve a utilização do ambiente de informática. O professor precisa cumprir uma grade horária mínima no laboratório de informática ou deve agendar essa sala apenas quando necessitar ou interessar? Com base nessa problemática, classifica-se a utilização dos ambientes de informática da seguinte forma:

- **Sistematizada:** quando os horários são definidos previamente para os professores durante o planejamento de suas aulas. O coordenador estabelece um cronograma de uso para cada professor, podendo ser semanal ou quinzenal, por exemplo. Essa modalidade é recomendada quando a escola começa o processo de implantação de informática na educação. Pode ajudar o professor a vencer suas resistências e medos quanto à utilização do computador.
- **Não sistematizada:** depende do interesse e da necessidade do professor. O uso do ambiente de informática é livre, e o professor agenda seu horário conforme sua necessidade. Essa forma de utilização é indicada quando a escola possui professores em estágio avançado de integração tecnológica. Entretanto, o que acontece, na prática, é que o ambiente de informática logo fica ocioso, sendo utilizado por poucos professores.

Vale ressaltar que o desenvolvimento de um plano de aula com tecnologia requer maior pesquisa, versatilidade, criatividade e tempo do professor, o que pode gerar falta de estímulo. O professor deve planejar com antecedência suas aulas, com ou sem uso de tecnologia.

4.4 MODALIDADES DE APLICAÇÃO DA INFORMÁTICA NA EDUCAÇÃO E O OBJETIVO DE APLICAÇÃO

Na educação, existe um debate polêmico sobre se o computador deve ser visto como um meio, e não como um fim. Mas isso é verdadeiro? O que significa utilizá-lo como meio e como fim?

A forma de utilização do computador deve variar de acordo com o objetivo, portanto, não existe uma forma correta. O enfoque deve ser o que fazer para atingir o objetivo definido pela escola.

Para classificar o uso do computador conforme o objetivo de aplicação, recomenda-se redefinir a utilização do computador para fins pedagógicos ou sociais:

- **Pedagógica:** a escola utiliza o computador como ferramenta, independentemente da abordagem. A escola usa o computador para complementos e sensibilizações disciplinares ou projetos educacionais.
- **Social:** a escola preocupa-se em repassar aos alunos alguns conteúdos tecnológicos, visando à inserção social ou digital.

Figura 4.3 Focos de abordagem da informática na educação.

As escolas que utilizam apenas a abordagem pedagógica do computador deixam os alunos muito inseguros quanto ao manuseio dos softwares de gerenciamento. Por exemplo, em uma escola, a diretora foi questionada por parte dos pais de um dos alunos, que não estavam percebendo o aproveitamento do uso do ambiente de informática, visto que seu filho não sabia sequer ligar o computador ou utilizar os softwares existentes em casa. Essa situação é muito comum nas escolas que utilizam a informática somente como uma ferramenta pedagógica.

A utilização do computador apenas como enfoque social provoca um desconhecimento por parte dos alunos em relacionar as ferramentas tecnológicas aprendidas com suas atividades cotidianas. Por exemplo, um aluno aprende a utilizar o sistema operacional, o editor de texto, a planilha eletrônica ou outro aplicativo, entretanto, não consegue relacionar essas ferramentas com a sua vida. Não há integração do computador como um aliado para as atividades básicas e rotineiras.

O enfoque social também está relacionado à utilização da informática nas diversas áreas, como caixas eletrônicos dos bancos, caixas de supermercados e terminais de consulta.

A prática indicada é a conciliação dos enfoques pedagógico e social; portanto, ao elaborar o plano de curso com a utilização da informática, deve ser previsto um momento em que sejam oferecidas orientações tecnológicas básicas associadas às orientações pedagógicas.

Quadro 4.2 Utilização dos ambientes de informática nas escolas

Considerações gerais
Imprimir os trabalhos é uma das atividades que mais motivam os alunos. Se possível, procure sempre ter um trabalho impresso. Os alunos ficarão mais contentes.
Os alunos devem aprender a ligar e desligar o computador. Evite deixar o computador ligado para uso. Ligando o computador, os alunos entenderão melhor o processo de inicialização da máquina.
Os alunos devem iniciar os programas que serão utilizados durante a aula. Evite deixar os programas prontos para serem utilizados. Eles precisam lidar com o computador de uma forma natural e sem medo.
Cada aluno ou equipe deve ter um *pen-drive* ou CD para copiar seus trabalhos.
Os momentos nos laboratórios de informática devem oferecer muitas atividades práticas. É preciso evitar momentos de explanação muito extensos.
No ambiente de informática, devem existir mesas e cadeiras para a realização de atividades fora do computador, como cartazes com recortes de revistas, desenvolvimento de um exercício do livro e outras atividades que sejam necessárias para o desenvolvimento da aula. Essa também é uma estratégia útil para quando a escola não possui computadores suficientes para todos os alunos de uma mesma sala de aula.

4.5 BENEFÍCIOS DOS AMBIENTES DE INFORMÁTICA

O uso positivo da informática em um ambiente educacional varia de acordo com a proposta utilizada em cada caso, a dedicação e o treinamento dos profissionais envolvidos. É importante que as pessoas que participam desses projetos estejam dispostas a encarar os novos desafios. Os benefícios mais frequentemente encontrados são:

- Os alunos ganham autonomia nos trabalhos, podendo desenvolver boa parte das atividades sozinhos, de acordo com suas características pessoais, com foco no aprendizado individualizado.

- Em função da gama de ferramentas disponíveis nos softwares, os alunos, além de ficarem mais motivados, também se tornam mais criativos.

- A curiosidade é outro elemento bastante aguçado com o uso da informática, visto que o aprendizado e as pesquisas são ilimitados com os softwares e sites da internet disponíveis.

- Os alunos se ajudam, apoiando, em especial, aqueles com dificuldade. Os ambientes tornam-se mais dinâmicos e ativos. Alunos com dificuldades de concentração tornam-se mais concentrados.

- Esses ambientes favorecem uma nova socialização que, às vezes, não conseguimos nos ambientes tradicionais.

- As aulas expositivas perdem espaços para os trabalhos corporativos e práticos.

- Estímulo a uma forma de comunicação voltada à realidade atual de globalização.
- A informática passa a estimular o aprendizado de novas línguas. Algumas escolas julgam não ser possível utilizar informática porque os programas estão em outro idioma, mas isso não deve ser visto como empecilho, e sim como motivação para o aprendizado de novos idiomas.
- Além de a escola direcionar as fontes de pesquisas e indicar os recursos já existentes, como livros, enciclopédias, revistas, jornais e vídeos, ela pode optar por mais uma fonte de aprendizagem: o computador.
- A informática contribui para o desenvolvimento das habilidades de comunicação e de estrutura lógica de pensamento.

PARA REFLETIR

1. Descreva as modalidades de aplicação da informática na educação.

2. Relacione e exemplifique, conforme sua prática, os aspectos que facilitam ou dificultam a utilização dos computadores em sala de aula.

3. Faça um quadro analítico da escola em que você trabalha de acordo com as diversas modalidades de aplicação da informática na educação, com base no conteúdo apresentado neste capítulo.

CAPÍTULO 5

O USO DE SOFTWARES COMO RECURSOS DIDÁTICOS

OBJETIVOS

- Apresentar os softwares e suas finalidades educacionais.
- Informar os principais aspectos que devem ser considerados na avaliação de softwares para o uso no ambiente educacional.
- Expor alternativas para aquisição de softwares educacionais.

É comum as escolas questionarem certas situações, como: o que devemos fazer com o computador no ambiente educacional? Ensina-se com o computador? Aprendemos com o computador? De que forma o computador é utilizado no processo ensino-aprendizagem? Os softwares de aprendizagem influenciam o aprendizado? Os professores podem se beneficiar ao ensinar com softwares?

O que verificamos é uma grande diversidade de softwares disponíveis no mercado, incluindo os educacionais. Mas o que é um software educacional? Existem, basicamente, duas conceituações:

a) programa desenvolvido especificamente para finalidades educativas, visando atender às necessidades específicas disciplinares;

b) qualquer programa que seja utilizado para obter resultados educativos. Esses softwares não foram desenvolvidos com finalidades educativas, mas podem ser utilizados para esse fim. Exemplos: editores de texto, planilha eletrônica etc.

Ou seja, ambos os conceitos consideram o uso do software no contexto da educação, mesmo que ele não tenha sido desenvolvido para esse fim. Esse recurso, porém, deve estar adequado à estratégia pedagógica escolhida, em geral centrada no aluno, em que o educador atue como mediador, conforme orientações das metodologias ativas.

5.1 CARACTERÍSTICAS DOS SOFTWARES E SUAS APLICABILIDADES

Os softwares, de um modo geral, podem ser classificados em grandes grupos, contendo como as principais características a seguir:

- **Tutoriais:** são os softwares que apresentam conceitos e instruções para realizar algumas tarefas em específico. Geralmente apresentam baixa interatividade. Os conceitos limitam-se ao enfoque da equipe de desenvolvimento, pois eles inserem a informação que consideram essencial, o que, muitas vezes, não coincide com a necessidade e abordagem da orientação do professor.

- **Exercitação:** são softwares que possibilitam atividades interativas, em que o aluno deve responder às questões apresentadas. Com esses softwares, os professores podem, inicialmente, apresentar conceitos dos seus conteúdos disciplinares na sala de aula sem tecnologia e, por fim, estimular que os alunos utilizem o computador para fazer exercícios. Esses softwares oferecem muitas funcionalidades, que podem ser convidativas para os alunos.

- **Investigação:** softwares com função de enciclopédias. É possível obter conteúdo sobre assuntos diversos. Mas nem sempre esses softwares podem ser indicados, já que muitas pesquisas podem muito bem ser realizadas pela internet. Entretanto, como é possível encontrar informações desnecessárias, incorretas e, muitas vezes, mal elaboradas na internet, é fundamental a presença do professor para realizar análises com seus alunos.

- **Simulação:** nada melhor do que visualizar digitalmente grandes fenômenos da natureza, ou fazer diferentes tipos de experimentos em situações adversas. Podemos citar os simuladores de voos, os gerenciadores de cidades, de hospitais e de safáris. Para trabalhar com esses softwares, os professores devem ser treinados adequadamente. Os softwares simuladores são recursos significativos para o aprendizado e atrativos para alunos e professores. Geralmente, precisa-se de bastante tempo para a utilização desses softwares, ou seja, nem sempre é possível concluir todas as atividades em uma aula de 50 minutos.

- **Jogos:** softwares de entretenimento, indicados para atividades de lazer e diversão. Com certeza, os jogos apresentam grande interatividade e recursos de programação muito sofisticados. Esse tipo de software, porém, é visto com bastante preconceito na área educacional, pois nem todos acreditam que essa ferramenta, utilizada em ambiente escolar, ao ser possa proporcionar aprendizagem. Porém, existem muitos jogos que podem ser utilizados para finalidades educativas. Você já pensou em ensinar ângulos utilizando um software de gorilas? Ou ensinar os movimentos por meio de softwares de corrida de automóveis?

- **Abertos:** são os softwares de produção livre. O material elaborado depende muito da criatividade do usuário. São oferecidas várias ferramentas, que podem ser utilizadas conforme os objetivos. Podemos citar os editores de textos, os bancos de dados, as planilhas eletrônicas, os programas gráficos e os softwares de autoria, de apresentações e de programações.

5.1.1 Editores de textos

Os editores de textos são softwares que apresentam vários recursos para elaboração de textos, tornando mais fácil e rica a produção de trabalhos, como relatórios, cartas, poesias, músicas, entrevistas, caça palavras, palavras cruzadas, cartazes, cartões, livros e jornais. É possível incluir diversos tipos de fontes, estilos, bordas, figuras, margens e parágrafos e, além disso, essa ferramenta ajuda no desenvolvimento de habilidades linguísticas.

Os editores de textos podem ser utilizados por professores de qualquer disciplina, para qualquer projeto e a partir de níveis escolares básicos.

Figura 5.1 Exemplo de editor de texto: Microsoft Word, que faz parte do Pacote Office.

5.1.2 Bancos de dados

Os bancos de dados possibilitam o arquivamento de informações que, posteriormente, podem ser usadas para análises e ordenações, conforme o interesse do usuário. Por exemplo, com esse tipo de software, o professor de Geografia pode realizar, junto com os alunos, pesquisas e armazenamento de informações sobre os países, como nome, extensão territorial, população, etnias, religiões etc. Em seguida, a turma pode fazer um exercício de comparação entre os países selecionados.

Figura 5.2 Exemplo de banco de dado: Microsoft Access, que faz parte do Pacote Office.

Por meio dos bancos de dados, os alunos podem imprimir relatórios com filtros de informações. Dessa forma, podem desenvolver habilidade de associação, aprender a definir prioridades, trabalhar com lógica e hierarquização de informações.

Voltemos ao exemplo em que o professor de Geografia solicita um trabalho sobre os países. Em uma primeira atividade, ele pode pedir aos alunos que façam relatórios comparativos contendo apenas a extensão territorial e a população dos países. A partir dessas informações selecionadas, o aluno deve analisar a relação entre a população e a extensão territorial. O mesmo pode ser feito para as disciplinas de Português, Matemática, História, entre outras.

5.1.3 Planilhas eletrônicas

As planilhas eletrônicas possibilitam a realização rápida de cálculos a partir dos dados informados e, posteriormente, a elaboração de gráficos em formatos de barras, linhas, pontos, pizza e outras modalidades que facilitam a visualização. Um exemplo de atividade que pode ser realizada com as planilhas eletrônicas é o ensinamento de controle financeiro a partir das quatro operações matemáticas, além de cálculos de percentuais. O professor pode simular a entrada de dinheiro dos alunos (mesadas) e suas despesas, a partir de gastos com lanches, revistas, cinemas etc.

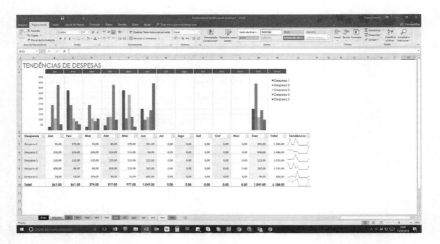

Figura 5.3 Exemplo de editor de planilha: Microsoft Excel, que faz parte do Pacote Office.

Com esses dados, é possível construir o seguinte gráfico:

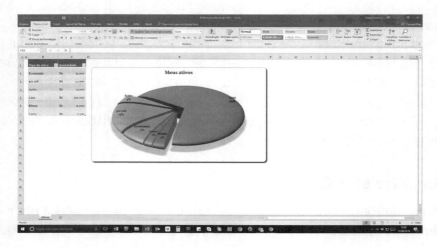

Figura 5.4 Criação de gráfico em formato de pizza.

Com a criação do gráfico, o professor pode sugerir uma análise das despesas, incluindo: qual o percentual de cada despesa em relação à receita total? Os gastos são adequados de acordo com os ganhos?

As planilhas eletrônicas possibilitam uma representação numérica em formato gráfico. Por meio desse recurso, os alunos aprendem as diferentes utilidades de cada um dos tipos de gráficos disponíveis no Excel.

Com as planilhas eletrônicas, podem ser trabalhadas fórmulas e funções matemáticas. Apesar de esse aplicativo ser voltado a questões numéricas, alguns professores de disciplinas da área de Humanas também podem desenvolver atividades, aproveitando a sua estrutura de colunas, células e linhas.

As planilhas eletrônicas estimulam o desenvolvimento das habilidades lógico-matemáticas e de interpretações gráficas.

5.1.4 Softwares gráficos

Os softwares gráficos são voltados à elaboração de desenhos e produções artísticas dos mais variados temas. O aluno pode utilizar desenhos gráficos ou ícones oferecidos pelo programa, adquiri-los em revistas ou em lojas de distribuição e revenda de softwares. Também podem criar os próprios desenhos, de acordo com a imaginação e a criatividade.

Os alunos costumam gostar dos softwares gráficos, visto que oferecem diversas ferramentas para desenhar, tornando mais fácil e ágil a produção de trabalhos. Nesse grupo, podemos ainda incluir os softwares de captura de imagens, os quais possibilitam, com a utilização do scanner, digitalizar fotos, imagens de revistas e jornais. O aluno pode efetuar diversas mudanças para melhorar a própria imagem capturada.

Com os softwares gráficos é possível trabalhar com três tipos de imagens: clip-arts, desenhos elaborados pelos próprios usuários ou, ainda, as imagens capturadas pelos scanners.

Existem alguns softwares gráficos com formatos preestabelecidos de produções, como convites, cartões de visita, calendários, envelopes, marcadores de livro e banners. Caso o software gráfico disponível na escola não apresente as características citadas, é possível criar os convites, cartões de visita e calendários a partir do software gráfico que estiver à disposição.

Por meio de um software gráfico, o professor pode desenvolver uma atividade que relacione aspectos linguísticos e pictóricos. Por exemplo, a partir de um texto, o aluno pode elaborar um cenário que represente o texto fornecido pelo professor ou, a partir de um cenário, o aluno pode elaborar um texto a esse respeito.

Figura 5.5 Exemplo de software gráfico: Paint.

5.1.5 Softwares de autoria

Os softwares de autoria são muito gratificantes para professores e alunos. Você já pensou em desenvolver as aulas utilizando um software simples, com os recursos de multimídia desejados? Isso pode ser feito com os softwares de autoria.

Eles funcionam como um aglutinador de produções elaboradas em outros softwares. Para desenvolver produções nesses softwares, primeiro, é necessário preparar uma análise lógica de apresentação:

1. Escolha um tema para a produção da aula.
2. Monte a sequência de apresentações, que podem conter fotos, animações, textos, desenhos e sons.
3. Elabore perguntas e possíveis respostas sobre o assunto da aula. Dependendo do software de autoria utilizado, é possível elaborar diferentes tipos de atividades.
4. Selecione gravações sonoras que podem ser obtidas a partir de sons previamente gravados em softwares musicais e/ou gravações com as vozes dos alunos e de outras pessoas.
5. Efetue as produções citadas, como desenhos, textos, animações, captura de imagens e sons, a partir dos aplicativos que você tem no seu computador.
6. Utilize o software de autoria para aglutinar todas as suas produções conforme a sequência predefinida.
7. Insira as atividades propostas.
8. Exiba a sua aula.

A grande vantagem dos softwares de autoria, além da facilidade de manuseio, é que o professor pode montar rapidamente uma aula dentro do plano de aula da disciplina ou projeto.

Entre os softwares de autoria disponíveis no mercado nacional e em português, podemos citar o Visual Class, o Everest e o Hyperstudio.

5.1.6 Softwares de apresentação

Os softwares de apresentação são muito utilizados para elaborar palestras e aulas expositivas. Possuem recursos de visualização de telas, bem como permitem produzir slides e transparências. Os alunos gostam dos softwares de apresentação, pois podem exibir seus trabalhos em forma de apresentação no próprio computador, em vez de entregar textos impressos. O mesmo pode ocorrer com o professor que prepara sua aula e utiliza o programa PowerPoint, por exemplo, para exibi-la.

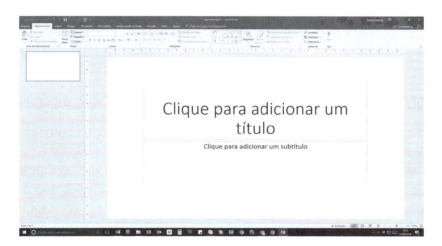

Figura 5.6 Exemplo de software de apresentação: Microsoft PowerPoint, o principal aplicativo para esse tipo de trabalho.

5.1.7 Softwares de programação

Os softwares de programação permitem a criação de outros programas, ou seja, rotinas executáveis. São excelentes para estimular o raciocínio lógico. Porém, demora-se mais para produzir conteúdo nesse tipo de software, sendo necessário treinamento dos professores, que devem dominar os comandos de programação e desenvolver uma visão sistemática dessas rotinas.

78 INFORMÁTICA NA EDUCAÇÃO

Muitos estudos na área psicopedagógica têm apresentado resultados positivos com crianças que apresentam dificuldades de aprendizagem, concentração e visão sistemática e lógica, por meio da utilização do Logo, que pode ser indicado para as áreas de desenho geométrico e de robótica, pois, por meio de seus recursos, a aprendizagem ocorre de forma lúdica. A desvantagem desse software é o longo tempo de produção, o que pode desmotivar os alunos. Cabe ao professor elaborar mudar esse cenário. Na robótica, o Logo é muito utilizado com os brinquedos Lego, o que gerou a parceria Lego-Logo. Por intermédio dos comandos no Logo é possível mover as peças no Lego. Também é possível utilizar sucatas para o desenvolvimento de atividades de robótica.

5.1.8 Softwares híbridos

Os softwares híbridos são aqueles que apresentam os recursos da multimídia e ainda têm interação com a internet. Seus bancos de dados podem ser alimentados a partir de informações coletadas em pesquisas on-line.

A maior parte dos softwares apresenta, simultaneamente, várias características dos tipos citados anteriormente. A classificação citada é adequada para explicações didáticas.

5.2 AVALIAÇÃO DE SOFTWARES PARA FINS EDUCACIONAIS

Para que os professores possam utilizar corretamente os softwares com fins educacionais, é necessário que estejam capacitados para utilizar o computador e como instrumento pedagógico. Por meio da capacitação, os professores vão conhecer os vários recursos disponíveis e, em seguida, adequá-los às suas necessidades educacionais.

A utilização de um software pode ocorrer quando o professor conseguir entender como relacionar a tecnologia à sua proposta educacional. Esses programas permitem ensinar, aprender, simular, estimular a curiosidade ou, simplesmente, produzir trabalhos com qualidade.

A partir do momento em que a escola disponibilizar softwares para apoiar as aulas, é importante que o professor avalie como pode utilizá-lo de forma adequada às suas necessidades, verificando com atenção os recursos oferecidos pelo programa. O ideal seria que o professor pudesse avaliar o programa antes que a escola o compre, para evitar desperdícios, mas nem sempre isso é possível.

Veja a seguir um modelo de ficha de avaliação de software desenvolvida pelas professoras Miriam Melamed e Lúcia Chibante (professoras que participavam do Projeto Kidlink, na Pontifícia Universidade Católica do Rio de Janeiro), que visa facilitar a análise do software e adequá-lo às necessidades dos professores.

Ficha de Avaliação de Softwares Educacionais

Responsáveis pela avaliação do software: *professora Sanmya F. Tajra*

IDENTIFICAÇÃO DO SOFTWARE

1. Nome: *My Own Stories*

2. Autor(es): *não foi possível identificá-lo(s).*

3. Empresa: *MECC*

4. Tipo de software:

( ) Tutorial ( ) Investigação
( ) Simulação ( ) Exercitação
(X) Aberto (X) Editor de Texto
(X) Gráfico
( ) Banco de Dados
( ) Planilha
( ) Programação
( ) Autoria
( ) Outros

5. Público-alvo: (faixa etária, escolaridade, outras informações)
Crianças acima de 6 anos de idade ou em fase pré-escolar.

6. Configuração do equipamento necessário:
Modelo mínimo do computador: varia conforme cada versão.

Avaliação qualitativa

1. Objetivos propostos:
Trabalhar a alfabetização a partir de figuras e cenários, exercitar a escrita e a construção de histórias, desenvolver as habilidades linguísticas a partir de cenários previamente definidos.

2. Pré-requisitos:
Em processo de alfabetização sistemática.

3. Indicação de disciplinas:
Português, Artes, Inglês, Geografia, História e diversos temas transversais.

4. Exemplos de atividades que podem ser desenvolvidas com a intermediação do software:
Atividades lúdicas e prática da escrita.

5. Oferece diferentes níveis de dificuldades?

Não. O professor é quem estabelece o grau de dificuldade, de acordo com as atividades realizadas em seu projeto.

6. Oferece *feedback*?

Ele não oferece resultados de acertos e de erros. O usuário utiliza os recursos disponíveis de acordo com a sua criatividade.

7. Tempo sugerido para utilização:

Ilimitado, de acordo com o objetivo das atividades previstas pelo professor.

8. É interativo?

A interatividade é unilateral, pois apenas o usuário constrói seus cenários e suas histórias, não havendo uma resposta do programa.

9. Telas, gráficos e textos são adequados?

Os diversos cenários e as figuras são bonitos, todos coloridos. Entretanto, não apresentam boa definição de imagem.

10. Comentários:

O software permite a impressão dos desenhos propostos. Entretanto, requer que haja na sala de aula uma impressora colorida, de preferência a jato de tinta ou a laser. Apesar de os comandos estarem em inglês, é possível utilizá-los facilmente, visto que a maior parte das suas operações é apresentada na forma de ícones.

A escola, ao adquirir um software, deve ficar atenta às questões legais de Direitos Autorais. É preciso comprar uma cópia autorizada para uma máquina e licença de uso para as demais. Caso seus equipamentos estejam instalados em rede, é importante comprar softwares para multiusuários, com licença de uso para a quantidade de máquinas interligadas à rede.

5.3 DESENVOLVIMENTO DE AULAS COM O COMPUTADOR

Depois que o professor for capacitado para trabalhar com diferentes programas e softwares, ele está apto a planejar atividades educacionais utilizando o computador como ferramenta pedagógica. É possível planejar atividades, elaborar projetos ou planos de aula. Sugerimos que seja utilizado um modelo-padrão de planejamento em cada escola, conforme as definições prévias que atendam às necessidades propostas. Veja um exemplo de planejamento a seguir.

Projeto Educacional com a Utilização da Informática como Ferramenta Pedagógica

Recurso tecnológico utilizado: informe os nomes dos programas que serão utilizados.

Acessórios utilizados: informe os nomes dos acessórios.

Nome do projeto: defina um nome para o projeto ou a aula que dê significado à atividade proposta.

Séries/ciclos envolvidos: caso o projeto ou a aula envolva mais de uma série, verifique as providências necessárias para que ocorra a integração das turmas.

Objetivos do projeto: defina amplamente os objetivos do desenvolvimento do projeto, ou seja, o objetivo geral do projeto/aula.

Disciplinas envolvidas: caso o professor desenvolva um projeto inter ou multidisciplinar, liste as áreas de conhecimento envolvidas. Dessa forma, fica mais fácil promover reflexão entre elas.

Planos de aula: em seguida, defina o objetivo a ser alcançado em cada aula, a estratégia e a forma de avaliação.

Objetivo (o que pretende alcançar)	Estratégia (como será a aula)	Avaliação (como será avaliado)

EXEMPLO DE UM PLANEJAMENTO COM O USO DO COMPUTADOR

Recurso tecnológico utilizado: sistema operacional Windows

Acessórios utilizados:
(X) Wordpad   (X) Paint   ( ) Calculadora
( ) Catálogo de endereços   ( ) Calendário
( ) Papel de parede   ( ) Jogos
Outros:_____

Nome do projeto: prevenindo a dengue.

Séries/ciclos envolvidos: 3ª e 4ª anos do Ensino Fundamental.

Objetivo do projeto: promover atitudes de prevenção e combate à dengue.

Disciplinas envolvidas: Português, Matemática, Ciências e Artes.

Planos de Aula

Objetivo (o que pretende atingir)	Estratégia (como será a aula)	Avaliação (como será avaliado)
1ª Aula		
Sensibilizar quanto às causas e aos efeitos da dengue	Pesquisar na biblioteca da escola ou na internet sobre a dengue, como a doença se prolifera, formas de evitá-la, sintomas e o que fazer caso uma pessoa os manifeste. Promover uma discussão oral entre os alunos, solicitando que anotem em seus cadernos as principais questões.	Participação dos alunos nas questões discutidas.
2ª Aula		
Levantamento de dados sobre a dengue	Agendar uma visita a uma Unidade de Saúde e entrevistar um agente de saúde para saber quantos casos ocorreram na região, quantos pacientes foram curados, quantos faleceram e outros dados quantitativos relacionados com a dengue. Os alunos devem ir para a entrevista com um roteiro prévio sobre o que desejam saber, conforme as discussões da aula anterior. Em sala de aula, cada aluno deve dar um parecer sobre a entrevista realizada com o agente de saúde.	A partir da elaboração das entrevistas.
3ª Aula		
Elaboração de uma cartilha sobre a dengue	Os alunos, em grupos, devem elaborar uma cartilha com os assuntos discutidos em sala. Para elaborar a cartilha, os alunos devem utilizar o Wordpad e o Paint. Além da cartilha, os alunos devem elaborar painéis e cartazes com as informações colhidas e montar um mural para que todos os alunos da escola possam tirar suas dúvidas. Para elaborar os painéis ou cartazes, podem-se utilizar o Wordpad e o Paint.	A partir da análise da elaboração das cartilhas.
4ª Aula		
Promover uma sensibilização em toda a escola para a prevenção e a cura da dengue	De posse das cartilhas, deve ser agendada uma visita dos alunos às demais salas de aula da escola para divulgar as pesquisas. Após as visitas, os alunos devem voltar a se reunir em sala de aula para discutir o desenvolvimento de todo o trabalho. Por fim, deve ser solicitado aos alunos um relatório conclusivo do projeto.	Análise do relatório conclusivo elaborado coletivamente entre os alunos.

Na prática de formação de professores, a elaboração de planos de aulas que preveem a utilização de computadores tem sido uma excelente estratégia para que os docentes entendam os computadores como uma ferramenta pedagógica.

Após a elaboração dos projetos ou planos de aula, o professor pode aplicar em sala as suas estratégias. Posteriormente, em reuniões de planejamento, discutem-se as ocorrências, as dúvidas, os acertos, as dificuldades e o andamento da aula com os demais professores. Dessa forma, é possível promover um processo de aprendizado por meio de diálogos e trocas de experiências de forma significativa.

5.4 ALTERNATIVAS DE SOFTWARES PARA AS ESCOLAS

Apesar da gama de softwares existente no mercado nacional, os altos custos de aquisição são um problema real para as escolas, em especial quando é preciso ter licenças para múltiplas máquinas. Isso pode dificultar o acesso à informática em ambiente escolar.

Uma das formas de solucionar esse problema é a aquisição de sharewares, que são programas demonstrativos que disponibilizam apenas parte de suas ferramentas, sendo perfeitamente utilizáveis. Alguns desses softwares possuem um limite de tempo para uso, mas, em outros casos, o usuário pode utilizá-los por tempo indefinido. Outra forma de adquirir softwares educacionais é por meio da localização dos freewares, programas livres com todas as ferramentas disponíveis, sem cobrança de taxas de utilização para os usuários.

Figura 5.7 Utilização de software educacional em sala de aula.

Para localizar esses programas, a escola pode optar por entrar em contato com distribuidores de sharewares e freewares ou baixá-los na internet.

Planejar atividades educacionais com utilização de computadores requer do professor mais tempo e mais criatividade. O docente deve investigar e conhecer bem os propósitos do software escolhido e ficar atento ao momento adequado para usá-lo. A aula deve ser dinâmica e os softwares utilizados devem estar relacionados com as atividades curriculares propostas e estimular a resolução de problemas.

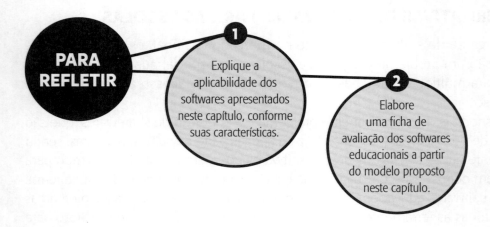

PARA REFLETIR

1. Explique a aplicabilidade dos softwares apresentados neste capítulo, conforme suas características.

2. Elabore uma ficha de avaliação dos softwares educacionais a partir do modelo proposto neste capítulo.

CAPÍTULO
6

ETAPAS PARA IMPLANTAÇÃO OU REFORMULAÇÃO DE UM PROJETO DE INFORMÁTICA NA EDUCAÇÃO

OBJETIVOS

- Apresentar as etapas de implantação e ou reformulação de um projeto de informática na educação.
- Explicar as fases evolutivas da aplicação da informática na educação.
- Apresentar algumas propostas de *layout* para ambientes de informática educacional.

86 INFORMÁTICA NA EDUCAÇÃO

Neste capítulo, você aprenderá, de forma clara, a elaborar um projeto de informática na educação, além de entender as diversas fases para desenvolver esse tipo de projeto.

Veremos como a escola pode pensar a integração pedagógica com o uso de recursos computacionais, a definição orçamentária para o projeto, a estrutura de equipamentos necessários, a organização do espaço físico, os benefícios para os alunos, as metodologias utilizadas por período letivo, o envolvimento dos educadores e os conhecimentos tecnológicos prévios necessários.

6.1 ETAPAS DE IMPLANTAÇÃO OU REFORMULAÇÃO

Para implantar ou reformular um projeto de informática na educação, podemos optar por uma metodologia que siga estes passos:

- realizar o diagnóstico tecnológico da escola, do professor e do aluno;
- elaborar o plano de ação;
- promover a qualificação dos educadores;
- pesquisar e conhecer os softwares necessários;
- elaborar o projeto pedagógico com o uso da informática na educação;
- implantar e avaliar o projeto e revisá-lo continuamente.

6.1.1 Diagnóstico tecnológico da escola, do professor e do aluno

Para essa primeira etapa, é preciso que a escola realize um levantamento de sua atual situação, identificando também os conhecimentos de informática e tecnologia dos professores. Com relação à escola, devem ser analisadas as questões a seguir:

- **De que forma deseja-se utilizar a informática dentro da proposta pedagógica?** Por exemplo, a informática pode adequar-se a três modalidades: informática como fim, informática relacionada a softwares com enfoques disciplinares e integração do uso da informática em projetos multi, inter e transdisciplinares.

- **Qual parcela dos recursos financeiros da escola pode ser disponibilizada para aquisição de computadores, softwares e capacitação de professores?** Estima-se que, com base em um orçamento destinado a um projeto de informática na educação, dois terços devem ser investidos na capacitação de professores. A quantidade de equipamentos deve atender ao número total de alunos, bem como a média de alunos por sala. Por exemplo, se a escola possui vinte alunos por turma, deve ter um laboratório com dez máquinas. A média recomendada é de dois alunos por computador. Mas, atualmente, em grandes escolas estadunidenses, já existe a relação de um computador por aluno. Não existe um padrão a ser seguido, podendo variar muito com a filosofia da escola com relação ao uso da informática na educação. No momento da implantação, talvez seja mais adequado construir um ambiente específico para a informática. Com o aumento da participação dos professores em tecnologia, a escola deve iniciar um processo de expansão e avaliar a disponibilização de computadores em todas as salas de aula e nos laboratórios de química, física e biologia, por exemplo.

- **A estrutura de equipamentos deve estar alinhada aos objetivos pedagógicos?** Caso a escola opte por trabalhar com computadores interligados em rede, uma impressora será suficiente. É importante lembrar que a possibilidade de imprimir trabalhos motiva os alunos para que o conteúdo produzido por eles fique tangível.

- **Por que instalar os computadores em rede?** Porque é a tendência. Ao comprar um computador, estamos comprando uma parte da rede. Não existem mais computadores isolados, até mesmo em função da filosofia da globalização, dos softwares para multiusuários e da internet. A instalação dos computadores em rede no ambiente de informática na educação é importante, porque possibilita compartilhar impressora, conectar todos os computadores à internet, instalar programas a partir de um único computador, gerenciar níveis de acesso às informações e diminuir o custo de aquisição de softwares.

- **Qual é o espaço físico que pode ser disponibilizado para o ambiente de informática na educação? Deve haver computadores em todas as salas?** No ambiente de informática na educação, devem ser verificados os seguintes aspectos: iluminação, temperatura (para os ambientes muito quentes são recomendados aparelhos de ar-condicionado), *layout* para facilitar o gerenciamento das máquinas e o fluxo dos alunos e professores. É interessante que as máquinas

88 INFORMÁTICA NA EDUCAÇÃO

estejam numeradas, pois, dessa forma, quando algum equipamento apresentar problemas, fica mais fácil sua localização.

- **A partir de qual série a informática será utilizada?** Quanto antes a criança começar o contato com a informática, melhor será para o seu desenvolvimento e o relacionamento com o meio. Devemos considerar que, atualmente, quase todos os locais possuem computadores, seja na forma convencional ou caixas eletrônicos, máquinas de consultas, caixas de supermercado etc. Muitas escolas oferecem aulas de informática para crianças acima de 3 anos de idade, com a frequência média de uma hora semanal. Pode parecer pouco tempo, mas é preciso considerar a quantidade de anos escolares que a criança terá pela frente. É importante ressaltar que, ao planejar utilizar computadores em sala de aula, isso não significa que a escola vai abrir mão dos demais recursos disponíveis. O computador deve ser visto como mais uma ferramenta à disposição do processo ensino-aprendizagem.

- **Como será utilizada a informática em cada uma das séries?** Muitas vezes, a metodologia usada para uma faixa etária não se enquadra nas demais. Por exemplo, para o terceiro e o quarto anos do Ensino Fundamental e para o Ensino Médio, algumas escolas têm optado pelos softwares e aplicativos mais utilizados no mercado de trabalho e comumente encontrados em ambientes domésticos. Para a educação infantil e para o primeiro e o segundo anos do Ensino Fundamental, são mais utilizados os softwares educacionais.

- **Quais professores devem ser envolvidos e capacitados?** Com a definição da proposta pedagógica da escola para ao uso da informática, os administradores escolares devem planejar a ação. De preferência, devem envolver a maior quantidade possível de professores no novo trabalho (nem sempre isso é possível, visto que comumente nos deparamos com resistências profissionais e pessoais). O importante é que a escola possa contar com professores disponíveis para esse desafio, treinados para lidar com todo o processo. Esses professores devem tornar-se multiplicadores dentro do ambiente escolar, funcionando como líderes e motivadores para que outros professores se tornem engajados.

- **E o conhecimento tecnológico?** Promova um levantamento do conhecimento tecnológico dos alunos. Essa informação respalda o diagnóstico final, orientando de forma correta o que a escola deve buscar como ferramenta tecnológica para suas atividades pedagógicas.

CAPÍTULO 6 | ETAPAS PARA IMPLANTAÇÃO OU REFORMULAÇÃO DE UM PROJETO DE INFORMÁTICA NA EDUCAÇÃO

Figura 6.1 Diagnóstico.

A partir das considerações anteriores, aplique um diagnóstico formal para o levantamento dos dados necessários para um diagnóstico de sua escola. Veja, a seguir, um modelo de diagnóstico para escola, professores e alunos. Caso a escola esteja iniciando o processo de informatização da educação, adapte algumas das questões sugeridas.

Diagnóstico de Tecnologia Educacional – Escola

Escola: _____

Tel: ( )_____ E-mail: _____

Endereço: _____

Município:_____ UF: _____

Níveis de ensino disponíveis na escola:

( ) Educação Infantil/quantidade de alunos _____
( ) Ensino Fundamental (1º e 2º anos)/quantidade de alunos _____
( ) Ensino Fundamental (3º e 4º anos)/quantidade de alunos _____
( ) Ensino Médio/quantidade de alunos _____

Quantidade média de alunos por turma:

( ) Educação Infantil _____
( ) Ensino Fundamental (1º e 2º anos) _____
( ) Ensino Fundamental (3º e 4º anos) _____
( ) Ensino Médio _____
( ) Outras atividades _____

90 INFORMÁTICA NA EDUCAÇÃO

Informações sobre a área de informática educativa:

1. Existe um espaço destinado ao ambiente de informática na escola?

( ) Sim   ( ) Não

a) O espaço físico comporta todos os alunos de uma mesma turma?

( ) Sim   ( ) Não

b) Se não, qual será o procedimento com os alunos que não se adequam ao ambiente de informática? Quais atividades esses alunos vão desenvolver no momento da aula?

_____

_____

2. Quantos computadores existem na escola destinados ao uso pedagógico? _____

A quantidade de computadores é suficiente?

( ) Sim   ( ) Não

3. Qual a configuração básica dos computadores da escola? Estão em rede? Qual tipo de rede?

_____

_____

4. Quantas máquinas possuem equipamento multimídia? _____

5. Quantas máquinas estão interligadas à internet? _____

6. A internet já está sendo utilizada pelos alunos na escola?

( ) Sim   ( ) Não

7. Com qual finalidade é realizada essa utilização? Qual é a orientação utilizada por projeto, para pesquisa? Onde está localizado o computador conectado à internet (no ambiente de informática, na biblioteca)?

_____

_____

8. Quantas impressoras existem no ambiente de informática? São colorida ou não?

_____

_____

9. Se a escola já possui ambiente de informática que está sendo utilizado, responda (se a escola não possui o ambiente, formule essas questões de acordo com as suas expectativas):

a) Qual faixa etária está utilizando o ambiente de informática?

_____

_____

CAPÍTULO 6 | ETAPAS PARA IMPLANTAÇÃO OU REFORMULAÇÃO DE UM PROJETO DE INFORMÁTICA NA EDUCAÇÃO **91**

b) Qual é a relação de alunos por computador?

( ) 1 computador para 2 alunos ( ) 1 computador por aluno

( ) 1 computador para 3 alunos ( ) Outra distribuição

c) Qual é a frequência com que os alunos utilizam o laboratório?

( ) Uma vez por semana

( ) Mais de uma vez por semana

( ) Quando o professor sente a necessidade

( ) Outra modalidade. Qual? _____

d) Quais são os professores que utilizam o computador como ferramenta pedagógica (informar a disciplina do professor)?

_____

_____

10. Quais são os softwares existentes e utilizados no laboratório (informar os principais softwares utilizados por série)? São de propriedade da escola?

_____

_____

_____

11. Quais profissionais utilizam o ambiente de informática? Com qual objetivo? Eles são monitorados por alguém? Caso sim, por quem?

_____

_____

_____

12. Cite os projetos que a escola realiza no ambiente de informática e de que forma.

_____

_____

13. Quais são as principais dificuldades encontradas na área de informática na educação de sua escola?

_____

_____

14. Quem é o responsável pela área de informática na educação? Qual é a formação acadêmica? Qual é a experiência dele nessa área?

_____

_____

92 INFORMÁTICA NA EDUCAÇÃO

15. Quais são as expectativas e objetivos da escola com a informática na educação?

16. Qual o orçamento destinado ao desenvolvimento e ao aprimoramento das atividades na área de informática na educação?

Diagnóstico de Tecnologia Educacional – Professor

1. Nome: _____

2. Disciplina que ministra: _____

3. Anos que dá aula: _____

4. Já fez algum curso de informática?   ( ) Sim   ( ) Não

5. Quais os softwares que conhece?
( ) Windows ou outro sistema operacional.
( ) Word ou outro editor de texto.
( ) Excel ou outra planilha eletrônica.
( ) PowerPoint ou outro software de apresentação.
( ) Navegação e comunicação na internet.
( ) Softwares educacionais.

6. Se já utilizou softwares educacionais, quais foram?

7. Já desenvolveu alguma aula ou projeto educacional com o uso de computadores? Que tipo de aula ou projeto foi desenvolvido? Dar uma pequena explicação.

CAPÍTULO 6 | ETAPAS PARA IMPLANTAÇÃO OU REFORMULAÇÃO DE UM PROJETO DE INFORMÁTICA NA EDUCAÇÃO 93

Se a escola desejar ser ainda mais específica no seu levantamento, deve desenvolver um diagnóstico entre os alunos. De acordo com o estágio de desenvolvimento tecnológico dos estudantes, as ações propostas podem ser alteradas.

Diagnóstico de Tecnologia Educacional – Aluno

Nome: _____

Ano: _____

Possui computador em casa?   ( ) Sim   ( ) Não

Tem acesso à internet em casa?   ( ) Sim   ( ) Não

Possui smartphone?   ( ) Sim   ( ) Não

Para qual finalidade você utiliza esses equipamentos?

( ) Jogar

( ) Estudar/pesquisar

( ) Outros _____

Quais são os programas que você utiliza?

_____

_____

_____

6.1.2 Plano de ação

Após coletar todos os dados no diagnóstico, sugere-se elaborar um plano de ação, definindo as primeiras atividades que serão desenvolvidas e designando os responsáveis por cada atividade, os prazos e os custos envolvidos. Observe o modelo no Quadro 6.1.

Quadro 6.1 Modelo de plano de ação

Atividades a desenvolver	Responsável	Prazo de execução	Custos

> Para mais detalhes, consulte o Capítulo 7 – Qualificação de Educadores em Informática na Educação.

6.1.3 Qualificação dos educadores

Promover condições para qualificar educadores afeta diretamente a implantação da informática na área educacional.

6.1.4 Conhecimento e pesquisa de softwares

É preciso definir os softwares que serão utilizados, conforme o tipo de tecnologia escolhida pela escola. É importante que os professores envolvidos estejam de acordo com a escolha. Os professores precisam conhecer os softwares disponíveis no mercado para que possam verificar aqueles que se adaptam melhor às necessidades da escola. Se houver capacitação dos docentes, os softwares podem ser apresentados nesse momento.

6.1.5 Elaboração do projeto pedagógico com o uso da informática na educação

Após a capacitação dos professores, eles devem se reunir para definir a linha mestra da informática na escola. Lembre-se de que existem três possibilidades:

1. **Informática como fim:** é o estudo das ferramentas disponíveis nos programas e aplicativos sem relação com os assuntos e temas estudados na escola.

Figura 6.2 Informática como fim, em que prevalece o enfoque técnico.

2. **Informática como apoio para as atuais disciplinas existentes:** em muitos casos, limita-se à utilização de softwares educacionais de forma isolada, sem relação entre os trabalhos disciplinares.

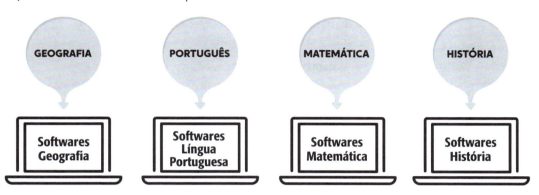

Figura 6.3 Informática para apoio para disciplinas, em que prevalece o enfoque disciplinar.

3. **Informática para projetos educacionais multi, inter e transdisciplinares:** os aplicativos podem ser utilizados de forma isolada para produções específicas de cada disciplina.

Figura 6.4 Informática para apoio de projetos educacionais, em que prevalece a visão integrada e sistêmica.

Veja um exemplo da utilização da informática em projetos interdisciplinares:

> **Tema:** doenças sexualmente transmissíveis (DSTs).
>
> **Objetivo:** ao final do trabalho, os alunos devem compreender as principais formas de evitar as doenças sexualmente transmissíveis, assim como os danos que as DSTs podem causar à saúde.
>
> Esse projeto terá caráter interdisciplinar a partir das seguintes abordagens:
>
> - **Matemática:** levantamentos estatísticos das diversas doenças sexualmente transmissíveis com relação aos tipos, à idade e aos sexos atingidos. Produção: gráficos elaborados em uma planilha eletrônica.
>
> - **Geografia:** estudo da incidência geográfica com relação aos tipos de doença estudados. Produção: desenhos de mapa com as localizações das doenças, bem como pesquisas na internet para localizar as informações.
>
> - **Ciências:** formas de prevenção e de cura das doenças. Produção: cartazes que informem as formas de prevenção.
>
> - **Língua portuguesa:** elaboração de entrevistas com pessoas portadoras de doença sexualmente transmissível. Produção: transcrição da entrevista com uso de editor de texto.
>
> - **Pluralidade cultural:** pesquisa das diversas crenças regionais com relação a essas doenças. Produções: cartazes com frases do tipo "Como vejo a sífilis?", com base nas pesquisas regionais.

Essas possibilidades podem ser estudadas no Capítulo 11, quando mencionamos o que pode ser realizado com as metodologias ativas.

Nessa modalidade, os softwares educacionais podem ser utilizados como fonte de pesquisa, simulação, tutorial, exercícios ou qualquer outra atividade complementar.

6.1.6 Implantação, avaliação e replanejamento

Essa é a hora mais esperada pela escola. Todos estão ansiosos pela execução das atividades previamente planejadas. É o momento em que os professores começam a frequentar o ambiente de informática na educação para viver o desafio proposto.

Antes, durante e depois da implantação do projeto, todos os professores, orientadores educacionais, coordenadores, técnicos de informática e demais profissionais envolvidos no processo devem avaliar os resultados do que foi estabelecido e sugerir melhorias. Para avaliar a implantação de atividades de informática na educação, sugere-se um roteiro de perguntas, conforme o exemplo a seguir.

CAPÍTULO 6 | ETAPAS PARA IMPLANTAÇÃO OU REFORMULAÇÃO DE UM PROJETO DE INFORMÁTICA NA EDUCAÇÃO **97**

Avaliação da Informática na Educação

Profissional: _____

Data: ____/____/_____   **Ano:** _____   **Disciplina:** _____

1. Está ocorrendo a integração dos objetivos temáticos e disciplinares, com a utilização do computador como ferramenta pedagógica?

   Sim ( )   Não ( ) Justifique sua resposta.

   _____

   _____

2. Os softwares utilizados estão de acordo com suas necessidades?

   Sim ( )   Não ( ) Justifique sua resposta.

   _____

   _____

3. Os alunos estão sabendo trabalhar com o computador?

   Sim ( )   Não ( )

4. Quanto aos equipamentos, a quantidade de computadores é suficiente para o número de alunos nas turmas?

   Sim ( )   Não ( )

5. Qual é a dinâmica que você utiliza no ambiente de informática? Como são divididas as atividades nesse ambiente? Como os alunos são distribuídos?

   _____

   _____

6. Como você avalia a motivação e o comportamento dos alunos no ambiente de informática?

   _____

   _____

7. Como você avalia a interação dos alunos com o computador?

   _____

   _____

8. Você observou melhoria no processo ensino-aprendizagem nesse ambiente? Justifique sua resposta.

   _____

   _____

9. As atividades previstas foram realizadas?

Sim ( ) Não ( ) Justifique sua resposta.

_____

_____

10. Professor, como você se sente nesse ambiente?

_____

_____

11. Quais foram os principais ganhos e as dificuldades encontradas no desenvolvimento das suas atividades com a aplicação da informática na educação?

Ganhos: _____

Dificuldades: _____

12. Sugira melhorias para as atividades relacionadas à área de informática na educação.

_____

_____

Com o resultado das avaliações, é necessário que a equipe analise suas próximas ações, visando promover uma melhoria contínua no processo de utilização do computador como ferramenta pedagógica.

6.2 A INFLUÊNCIA DO *LAYOUT* NO PROCESSO DE APRENDIZAGEM

Ao pensar no uso de computadores em ambientes educacionais, muitos fatores devem ser analisados:

- Quantos computadores precisamos instalar?
- Qual será a configuração dos computadores?
- Os computadores ficarão em rede?
- Qual rede deve ser utilizada?
- É necessário que todos os computadores possuam kits de multimídia?
- Devemos disponibilizar acesso à internet em todos os computadores?
- Qual tipo de conexão de acesso à internet vamos utilizar?
- Quais softwares serão comprados?

- Esses softwares são multiusuários ou monousuários?
- Quem será o coordenador das atividades do ambiente de informática? Quais as suas funções?

Apesar de haver muitas variáveis para que o projeto seja bem-sucedido, a organização do espaço físico não costuma ser levada em consideração. Após algumas visitas técnicas a escolas que utilizam ambientes informatizados para ministrar aulas, é possível perceber que estas podem ser afetadas pela distribuição de equipamentos e móveis no ambiente.

Para planejar e conceber um ambiente de informática na educação correto, é preciso observar alguns itens:

- Objetivos de concepção da sala, seja para educação infantil, ensino fundamental ou ensino profissionalizante. Uma sala para a educação infantil não pode ter os mesmos móveis que a sala para alunos do Ensino Médio.
- Os computadores devem ser distribuídos fisicamente de forma que o professor tenha uma visão ampla de toda a sala. Deve ser evitada a distribuição de computadores em fila, um atrás do outro.
- O espaço para o fluxo e a interação entre os alunos deve ser considerado.
- Disponibilizar mesas sem computadores para os alunos, para que o professor tenha a flexibilidade de desenvolver atividades sem computadores, sem que precise trocar de sala.
- Deve-se dar preferência a salas de aulas de médio porte, pois a dinâmica da aula com computadores é muito ativa. Em geral, as conversas entre os alunos provocam dificuldades de comunicação entre professores-alunos e alunos-alunos.
- Evitar estruturas físicas entre os computadores, como divisórias, que bloqueiam o som e a amplitude da visualização dos alunos e do professor.
- Disponibilizar locais apropriados para impressoras, scanners e canhões de projeção. Os canhões de projeção são ótimos recursos para transmitir as orientações de como utilizar as ferramentas propostas.

> O *layout* tem uma relação direta com a aprendizagem ativa, sendo uma das formas de estimular a promoção de uma atividade diferenciada, seja com uso de tecnologias digitais ou não. Consulte o conteúdo sobre aprendizagem ativa no Capítulo 11.

- Os estabilizadores devem ficar em locais distantes dos pés dos alunos, que costumam chutá-los sem querer com frequência, desligando o equipamento.

A seguir, vamos apresentar diversas propostas de *layout*, além de questões que podem afetar o processo de aprendizagem.

6.2.1 Modelo 1

1. Facilita o fluxo do professor e dos alunos no ambiente.
2. Facilita a interação dos alunos, permitindo maior colaboração e cooperação entre eles.
3. Permite que o professor visualize melhor os alunos.

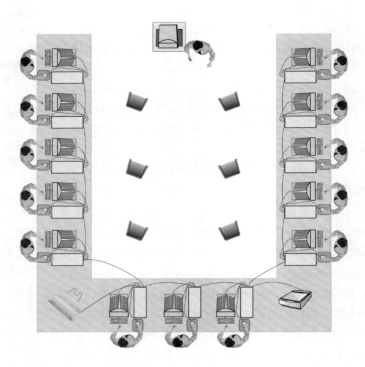

Figura 6.5 Representação do Modelo 1.

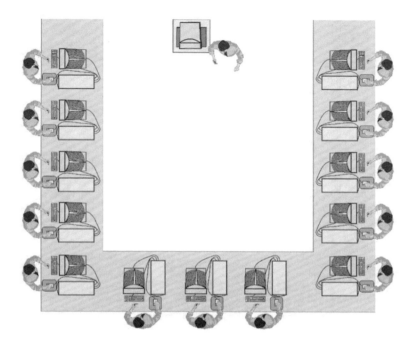

Figura 6.6 Outra representação do Modelo 1.

6.2.3 Modelo 2

1. Possibilita que o professor desenvolva atividades com e sem computadores, podendo realizar aulas práticas no mesmo ambiente de informática.
2. Esse ambiente é adequado para escolas com espaços amplos e mesas auxiliares para atividades.
3. Também indicado para escolas que não tenham computadores em quantidade suficiente para atender o número de alunos por sala.

102 INFORMÁTICA NA EDUCAÇÃO

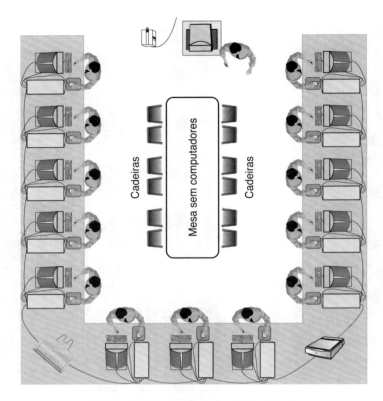

Figura 6.7 Representação do Modelo 2.

6.2.3 Modelo 3

1. Facilita o fluxo do professor e dos alunos no ambiente.
2. Facilita a interação dos alunos, permitindo mais colaboração e cooperação entre eles.
3. Permite que o professor visualize melhor os alunos.
4. Permite melhor aproveitamento de espaço, sendo possível disponibilizar mais computadores.

CAPÍTULO 6 | ETAPAS PARA IMPLANTAÇÃO OU REFORMULAÇÃO DE UM PROJETO DE INFORMÁTICA NA EDUCAÇÃO   **103**

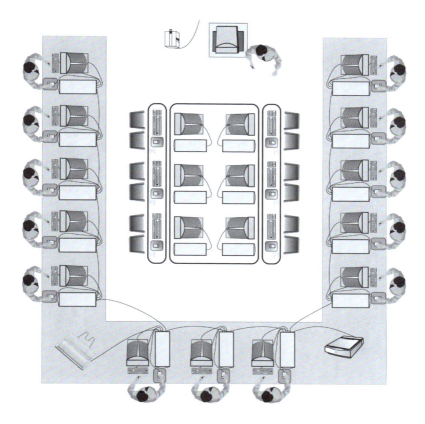

Figura 6.8 Representação do Modelo 3.

6.2.4 Modelo 4

1. Promove e facilita interações diagonais das equipes.
2. É necessário um espaço físico maior.
3. Possibilita a construção de um ambiente de aprendizagem sem definição de hierarquias.

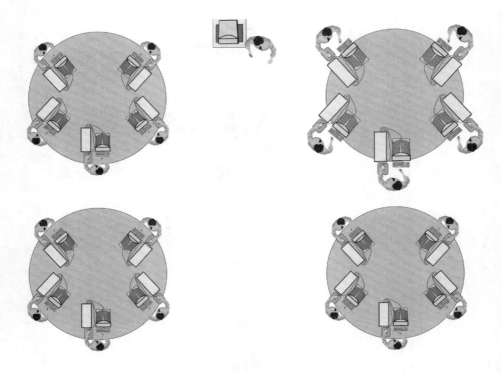

Figura 6.9 Representação do Modelo 4.

6.2.5 Modelo 5

1. Também conhecido como espaço multimeios ou multimídia.
2. Facilita o fluxo do professor e dos alunos no ambiente.
3. Facilita a interação dos alunos, permitindo maior colaboração e cooperação entre eles.
4. Permite que o professor promova diferentes tipos de aula com uso de recursos tecnológicos (computadores, vídeo, livros, jogos, som, retroprojetor, data show).
5. Possibilita a construção de um ambiente de aprendizagem sem definição de hierarquias.
6. Ambiente versátil, exigindo do professor mais criatividade e flexibilidade para planejar e desenvolver as atividades.

CAPÍTULO 6 | ETAPAS PARA IMPLANTAÇÃO OU REFORMULAÇÃO DE UM PROJETO DE INFORMÁTICA NA EDUCAÇÃO **105**

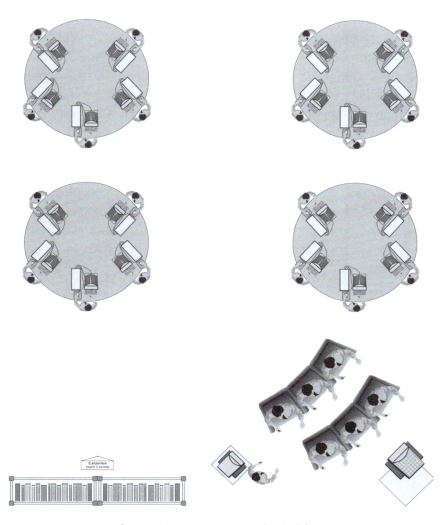

Figura 6.10 Representação do Modelo 5.

6.3 EVOLUÇÃO DA APLICABILIDADE DA INFORMÁTICA NA EDUCAÇÃO

Utilizar a informática na área educacional é bem mais complexo que a utilização de qualquer outro recurso didático. Essa diferença é causada pela diversidade dos recursos disponíveis. Em um sistema informatizado, é possível se comunicar, pesquisar, criar desenhos, efetuar cálculos, simular fenômenos, entre muitas outras ações. Nenhum outro recurso didático oferece tantas oportunidades pedagógicas e, além do mais, é a tecnologia que mais vem sendo utilizada no mercado de trabalho.

Em paralelo, a escola é uma das instituições que mais demoram a inovar e avançar. Desde o desenvolvimento da caneta esferográfica, os professores resistem em aceitar as inovações. Muito pouco tem mudado nos ambientes de sala de aula. A inovação da informática está obrigando a escola a mudar e aceitar mais facilmente as transformações. O resultado dessa inovação é lento, sendo necessário não apenas mudar crenças, mas substituí-las por outras mais relevantes, moldadas por experiências em um novo contexto, conforme abordado pela experiência do projeto ACCOT, desenvolvido pela empresa Apple, nos Estados Unidos.

O projeto ACCOT, de acordo com Dwyer et al. (1997), apresenta cinco estágios para a evolução instrucional com computadores: exposição, adoção, adaptação, apropriação e inovação. Com base nessa abordagem, propõe-se uma nova caracterização da evolução da informática como instrumento do processo de ensino-aprendizagem em três etapas: iniciação ou empolgação, adaptação ou intermediação e incorporação ou absorção.

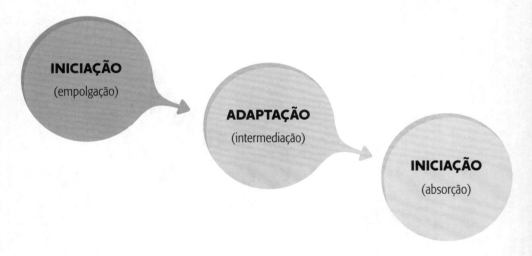

Figura 6.11 Fases da evolução da informática na educação.

6.3.1 Iniciação ou empolgação

Essa primeira fase ocorre quando a escola adquire os computadores e os instala. Esse ambiente passa a ser visitado frequentemente por professores, alunos, diversos profissionais da escola e, principalmente, pelos pais. Entretanto, nem todos os profissionais acreditam nos benefícios dessa nova ferramenta. Alguns professores são mais receptivos às mudanças, enquanto outros acreditam que seja mais uma justificativa para resolver os problemas da educação. Nesse momento, a informática funciona também como um grande marco para o marketing da escola.

Ter computadores não significa que a escola tem um diferencial. Atualmente, grande parte das escolas, em especial os colégios particulares, já possuem computadores. Atualmente, informatizar é um passo necessário. O diferencial é a forma de utilizar a informática dentro da escola, e os objetivos dessa prática. Vale lembrar que não existe uma forma correta de utilização da informática na educação. É valido quando ajuda a escola a alcançar seus objetivos.

Em paralelo, os professores que utilizam a informática ainda utilizam recursos didáticos considerados tradicionais, como textos, quadros de giz, livros, livros de exercícios, retroprojetores, aulas expositivas, respostas orais e trabalhos individuais em que é possível utilizar o computador. Os professores com pouco conhecimento de informática apresentam alto nível de frustração pessoal por não conseguir ensinar corretamente. Eles sabem que é importante usar o computador, mas nem sempre conseguem. Por outro lado, é possível perceber que a participação de alunos e professores melhora e as aulas se tornam mais ativas quando há uso da informática.

Na implantação de um projeto tecnológico, muitos professores vão se deparar com alunos que apresentam conhecimentos tecnológicos muito superiores aos seus e, por esse motivo, ainda se sentem inseguros e constrangidos diante dessa mudança de paradigma. É importante ressaltar que pode haver momentos em que o professor estuda uma ferramenta, mas, ainda assim, os alunos podem descobrir novas funcionalidades durante as aulas. Com a infinidade de recursos que os programas oferecem, é quase impossível saber utilizar todos.

A partir do momento em que os professores se lançam no mundo das novas tecnologias, haverá sempre situações de novos aprendizados e descobertas. Vamos nos deparar, quase sempre, com uma sensação de ignorância tecnológica.

6.3.2 Adaptação ou intermediação

Essa é uma fase intermediária, na qual os professores já apresentam melhor nível de conhecimento e sabem aplicar a tecnologia na área educacional. Eles preocupam-se em integrar seus planos de aula com o uso do computador. Apesar de a tecnologia ainda ser usada de forma tradicional, os alunos e professores já dominam vários softwares, o que gera maior produtividade.

Como exemplo dessa fase, podemos citar uma aula em que a professora solicitou aos alunos a elaboração de um desenho para uma competição escolar. A professora deu flexibilidade para que os alunos escolhessem a ferramenta a ser utilizada: o computador ou os recursos tradicionais de desenhos (lápis, pincéis). A maior parte dos alunos foi direto para o computador para realizar o desenho, mas, por não saberem utilizar corretamente o software específico, decidiram desenhar à mão, por dominarem essa técnica.

108 INFORMÁTICA NA EDUCAÇÃO

Esse exemplo demonstra claramente a empolgação dos alunos para utilizar o computador, mas nem sempre eles dominam a técnica e, por isso, acabam voltando à vivência conhecida. Em geral, os alunos vão querer usar a tecnologia, mas nem sempre estarão aptos para isso. Essa é uma fase intermediária de mudança, em que, geralmente, a informática é aplicada às disciplinas de forma isolada.

6.3.3 Incorporação ou absorção

Essa fase é caracterizada pela utilização natural da tecnologia nos projetos educacionais. Isto é, parte dos professores já desenvolvem os planos de aula utilizando a informática como recurso pedagógico. Nesse momento, ocorre a instrução interdisciplinar, multidisciplinar e transdisciplinar baseada em projetos. Os trabalhos ocorrem em grupos e com divisões de tarefas individualizadas. Os professores já são capazes de questionar os antigos padrões que utilizavam.

A duração de cada uma das fases apresentadas varia muito, de acordo com cada realidade escolar e a do professor. Entretanto, é importante conhecer cada uma delas como forma de verificar que a evolução do uso da tecnologia na educação já tem ocorrido em todos os lugares, independentemente da modalidade de aplicação escolhida.

A importância de utilizar tecnologia computacional na área educacional é indiscutível, seja nos sentidos pedagógico ou social. A escola deve preparar os alunos para desenvolver habilidades de linguística e lógico-matemática, apresentar o conhecimento compartimentado, além de tornar o professor o grande detentor do conhecimento, não mais valorizando apenas a memorização. Atualmente, com a possibilidade de desenvolver diversas habilidades interpessoais, a tecnologia tem uma função facilitadora, em que o aluno pode desenvolver qualidades lógico-matemáticas, linguísticas, interpessoais, intrapessoais, espaciais, musicais, corpo-cinestésicas, naturistas e pictóricas.

As escolas ganharam um novo papel, sendo importante propor mais trabalhos em grupos, enfatizar a capacidade de pensar dos alunos e ensiná-los a tomar decisões. O professor assume o papel de facilitador, organizador, coordenador e parceiro, atendendo às necessidades individuais dos alunos.

A informática na educação apresenta grandes contribuições para que a escola atinja esses novos objetivos. Os alunos podem se tornar cada vez mais comunicativos, criativos, ativos e interessados nas aulas que utilizam tecnologia como apoio pedagógico. Além disso, tornam-se conectados e globalizados.

Figura 6.12 Incorporação tecnológica em sala de aula.

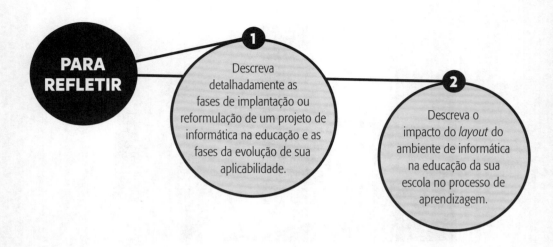

CAPÍTULO 7

QUALIFICAÇÃO DOS DOCENTES E DEMAIS ATORES NA EDUCAÇÃO

OBJETIVOS

- Sensibilizar os educadores quanto à importância da qualificação dos professores para que possam atuar com a informática na educação.

- Apresentar as etapas necessárias para a incorporação da informática como ferramenta pedagógica por meio da descrição do ciclo de aprendizagem.

- Relacionar os principais aspectos que devem ser considerados pelos professores para a preparação de aulas em um ambiente com computadores.

- Apresentar uma metodologia para formação de professores em tecnologia educacional.

112 INFORMÁTICA NA EDUCAÇÃO

Um dos fatores primordiais para ser bem-sucedido na utilização da tecnologia na educação é a qualificação do professor para trabalhar com essa nova realidade educacional. O docente deve ser capacitado para perceber como deve realizar a integração da tecnologia com a sua proposta de ensino. Cabe a cada um descobrir a própria forma de utilizar a informática conforme o seu interesse educacional, pois não existe uma forma universal para a utilização dos computadores na sala de aula.

O professor deve estar aberto às mudanças, principalmente com relação à sua função de mediador, sendo responsável por facilitar e coordenar o processo de ensino-aprendizagem. O docente precisa estar aberto a novos aprendizados, a lidar com as rápidas mudanças, ser dinâmico e flexível. Acabou a era educacional em que o professor "sabe-tudo" detinha sozinho o conhecimento.

A qualificação do professor deve envolver uma série de vivências e conceitos, como conhecimentos básicos de informática, pedagogia, integração de tecnologia com propostas pedagógicas, formas de gerenciamento da sala de aula com os novos recursos tecnológicos em conexão com os recursos físicos disponíveis e, em especial, ao "novo" aluno, que passa a incorporar e assumir uma atitude ativa no processo. Há também a revisão das teorias de aprendizagem, didática, projetos multi, inter e transdisciplinares.

7.1 INTEGRAÇÃO DO USO DOS COMPUTADORES ÀS PROPOSTAS PEDAGÓGICAS

Conhecer as ferramentas básicas de operação de um computador faz que o professor se sinta mais seguro em um ambiente de informática. É importante ter conhecimentos em programas básicos, como os recursos do Word, Excel ou PowerPoint. Após o aprendizado de cada um desses programas, o professor deve refletir para encontrar uma maneira de incorporar o programa aprendido à sua aula como uma ferramenta. O professor deve desenvolver um plano de aula que inclua essas ferramentas.

CAPÍTULO 7 | QUALIFICAÇÃO DOS DOCENTES E DEMAIS ATORES NA EDUCAÇÃO **113**

Se possível, o professor deve colocar em prática esse plano de aula para que possa observar em sala de aula a dinâmica de utilização de softwares. Com a prática, o professor poderá aprender como adequar cada ferramenta, percebendo o que mais se adapta às suas necessidades.

Os programas citados são apropriados ao desenvolvimento de atividades de produção. A partir de um tema ou conteúdo, o professor solicita aos alunos trabalhos que possam ser apresentados programas do Windows, como WordPad ou Paint, ou os programas do pacote Office, como Word, Excel ou PowerPoint.

Caso a escola utilize outros programas que não sejam os mencionados anteriormente, o professor deve optar por programas substitutos, como editor de texto, programa gráfico, planilha eletrônica, programa de apresentação. Um exemplo é o o LibreOffice, alternativa gratuita ao Microsoft Office.

Além da utilidade pedagógica de um editor de texto, planilha eletrônica e de um programa de apresentação, o professor pode utilizar esses recursos como apoio para a elaboração de provas, controle de notas dos alunos, elaboração de relatórios e demais atividades do seu cotidiano escolar.

Como a internet é muito utilizada na atualidade, o professor também deve ser capacitado para trabalhar com os principais serviços oferecidos por essa tecnologia, incluindo criação de sites e blogs. A qualificação do professor também deve envolver conhecimentos sobre softwares educacionais relacionados aos conteúdos curriculares.

O professor precisa conhecer os recursos disponíveis nos programas escolhidos para suas atividades de ensino, somente assim ele estará apto a realizar uma aula dinâmica, criativa e segura. Mudar para um ambiente de informática sem conhecer bem o programa a ser utilizado, significa ministrar uma aula sem planejamento e sem ideia do que fazer.

7.2 DESENVOLVIMENTO DE PROJETOS EDUCACIONAIS COM APOIO DE COMPUTADORES

Os projetos educacionais devem contemplar diversas áreas do conhecimento de uma forma integrada, ultrapassando o foco disciplinar, sendo capazes de proporcionar a formação de um conhecimento sistêmico. Nesse cenário, cada disciplina passa a ser um elemento interdependente de todo o sistema.

Observe uma pequena sugestão de roteiro para o desenvolvimento de projetos educacionais com apoio de computadores, conforme mencionado no Capítulo 4:

a) Apresente uma breve explanação de um tema para o desenvolvimento do projeto a ser elaborado pelos alunos.

b) A partir de uma discussão, verifique a aceitação do tema por parte dos alunos ou, em consenso, defina um novo tema.

c) Discuta com os alunos os conhecimentos já acumulados no cotidiano sobre o tema escolhido.

d) Cada aluno deve elaborar um roteiro para o estudo e a pesquisa do tema escolhido, bem como localizar bibliografia para a pesquisa.

e) Após o levantamento anterior, devem ser promovidas uma apresentação dos roteiros individuais e a construção de um roteiro coletivo da equipe/turma.

f) Tendo como base o roteiro coletivo, os alunos devem hierarquizar seus tópicos e revisar a bibliografia para a pesquisa.

g) De posse do roteiro e da bibliografia, os alunos devem elaborar a pes-quisa sobre todos os tópicos do projeto e desenvolver um dossiê.

h) Por fim, os alunos apresentam os resultados de suas pesquisas.

7.3 POSICIONAMENTO DA ADMINISTRAÇÃO ESCOLAR NO PROCESSO DE IMPLANTAÇÃO DA INFORMÁTICA NA EDUCAÇÃO

Além da qualificação do professor, é necessário que os administradores escolares transformem suas atitudes, para que possam incorporar cada vez mais a tecnologia. É preciso ter foco durantea a fase de implantação, visto que é nesse momento que o professor começa a ter de mudar. O apoio da alta administração é um dos fatores que asseguram o bom desenvolvimento desse processo.

Constantemente nos deparamos com escolas que têm uma administração dificultadora e até mesmo barram o desenvolvimento com o uso de tecnologia. Isso é nítido nas escolas públicas, nas quais alguns diretores mantêm o ambiente de informática com portas fechadas, pelo medo de quebra e roubo dos equipamentos, o que inviabilizaria o uso das máquinas por parte dos professores e alunos.

Muitos administradores escolares também não entendem a dinâmica de uma sala de aula com computadores. Um dos principais benefícios dessa proposta é que os alunos possam ser mais ativos e proativas, sentindo-se bastante motivados para ajudar seus colegas e mostrar que sabem trabalhar com o computador. A visão educativa do diretor também deve acompanhar a entrada das tecnologias na escola.

7.4 RELAÇÃO PROFESSOR-ALUNO

Os alunos também podem perceber as mudanças ocorridas com a utilização das novas tecnologias. Muitos deles já possuem maiores conhecimentos tecnológicos que os próprios professores, o que, de certa forma, vai inibi-los, cabendo nesse momento ao professor assumir o seu novo papel de facilitador do processo de ensino-aprendizagem, e não mais de grande detentor de todo o conhecimento.

Durante a realização de uma qualificação em uma escola particular, uma professora do Ensino Fundamental deu o seguinte depoimento: "Depois que passei a utilizar o ambiente de informática, percebi que meus alunos passaram a me tratar de uma forma diferente, com maior admiração. Eles perceberam que sei me comunicar e utilizar os instrumentos de que eles tanto gostam. Senti-me mais próxima e mais valorizada".

O ambiente de informática na educação é ativo, ou seja, os alunos conversam entre si e em grupos. Os alunos que têm mais facilidade com informática assumem uma postura de monitores, mudando a hierarquia tradicional. O que conta é o aprendizado coletivo e em equipe. As habilidades são desenvolvidas de forma mais natural e sem imposições. Os alunos tornam-se mais expansivos e não têm receio de errar, são hábeis em relação às ferramentas disponíveis.

Como se sente o professor diante dessa mudança de paradigma?

Estamos diante da Geração Net, Geração Digital, Geração Rede. As crianças já nascem lidando com brinquedos que têm botões, com circuitos eletrônicos e integrados. Diante dessa realidade, muitas vezes ocorre uma inversão de autoridade. A criança, por deter o conhecimento, impõe seus desejos, o que é comum em nossas próprias casas, onde geralmente sãos os principais usuários de computadores, tablets e smartphones.

7.5 TROCA DE EXPERIÊNCIAS ENTRE OS PROFESSORES

É necessário também que os professores criem entre si um canal de comunicação para trocar continuamente informações e experiências. Dessa forma, amenizam os receios de usar novas tecnologias em sala de aula.

A comunicação também é importante para o planejamento em equipe das atividades que serão desenvolvidas no ambiente de informática. Os professores precisam saber quais são os softwares disponíveis na escola, verificar com outros professores com quais softwares eles trabalham e quais atividades são desenvolvidas para que as propostas sejam complementares.

A principal forma de os professores trocarem experiências com frequência é a realização de reuniões semanais para discutir todas as questões relativas à utilização dos computadores em sala de aula.

INFORMÁTICA NA EDUCAÇÃO

As reuniões podem ocorrer em três momentos:

- **Discussão teórica:** a partir de textos e reflexões relacionadas com a informática na educação, os professores elaboram uma apresentação como ação motivadora para debater a utilização do computador em sala de aula. Os professores devem realizar um rodízio para implementar essa ação. A cada semana um professor ocupa a função de facilitador dessa discussão. Para a realização dessa atividade, o professor deve utilizar o computador como ferramenta para a produção de slides, transparências, apostilas e outros recursos que possam auxiliá-lo na apresentação teórica.

- **Apresentação de problemáticas de hardware e de software:** finalizada a reflexão anterior, cada professor apresenta os problemas que estão enfrentando para o desenvolvimento de suas atividades, como dificuldade para trabalhar com equipamentos, assistência técnica, dificuldades na utilização de programas, comportamento dos alunos, dinâmica no espaço físico, realização de atividades no computador etc.

- **Apresentação dos trabalhos:** cada professor apresenta os trabalhos realizados com os alunos no laboratório de informática, visando trocar experiências. Se possível, os trabalhos devem ser apresentados impressos ou na tela do computador.

7.6 GERENCIAMENTO DOS RECURSOS FÍSICOS E LÓGICOS NOS AMBIENTES DE INFORMÁTICA

Um dos principais aspectos na qualificação dos professores para aplicar a informática como recurso didático se relacionam ao gerenciamento dos novos instrumentos. Podem existir alguns problemas em comum:

- O computador não está lendo o *pendrive*.
- O papel está sempre travando na impressora.
- A quantidade de impressoras disponíveis no laboratório não condiz com a quantidade de computadores e não permite imprimir no momento da aula.
- Um computador apresentou problemas no início da aula e parou de funcionar. O que fazer com os alunos daquela equipe?
- O novo programa que a escola comprou não funciona na rede.
- Alguns computadores não acessam o programa da professora de geografia.
- O espaço de memória disponível nas máquinas não é o suficiente para instalarmos os programas.
- Só dispomos de um computador com os recursos de multimídia.

CAPÍTULO 7 | QUALIFICAÇÃO DOS DOCENTES E DEMAIS ATORES NA EDUCAÇÃO 117

- A internet está instalada na biblioteca ou na administração da escola, não conseguimos utilizá-la para fins educacionais.
- Todos os trabalhos dos alunos que estavam no *pendrive* foram apagados.

Se fôssemos enumerar todas as dificuldades encontradas nos ambientes tecnológicos, com certeza a lista seria bem maior, mas certamente quem atua com tecnologia já se deparou com pelo menos algumas dessas situações e está acostumado. De fato, essas questões existem, e só com o tempo elas serão resolvidas.

Os professores devem relacionar todas essas dificuldades e levá-las à administração da escola, para que os erros possam ser reparados. Entretanto, algumas questões podem ser resolvidas pelos próprios professores com a elaboração de normas de utilização desses ambientes, como:

- Apenas um dos professores deve ser o responsável pela instalação e configuração dos programas. Dessa forma, são evitadas diferentes configurações no mesmo ambiente, visto que tais problemas podem impactar as atividades a serem desenvolvidas.
- Manter uma empresa ou pessoa responsável pela manutenção dos computadores para atender à escola em tempo hábil, evitando a utilização de equipamentos que não estejam em perfeito estado de funcionamento no momento da aula.
- Numerar os computadores, monitores e teclados, para facilitar a localização de problemas nas máquinas. Por exemplo, computador 1, computador 2.
- Evite utilizar *pendrives* desconhecidos, para evitar vírus.

Os laboratórios de informática sempre terão problemas que precisam ser solucionados. O professor, no decorrer do tempo, saberá muito bem lidar com essas situações, da mesma forma como ocorrem imprevistos nas salas de aula convencionais, e com certeza o professor já possui traquejo para resolvê-los.

Para evitar problemas, é interessante que o professor, além de saber manusear bem o programa que utilizará na aula, verifique, antes do início desta, todos os computadores que contêm o programa instalado, assim, ele terá um ambiente mais tranquilo e saberá com antecedência se algum computador está com problema.

Caso o professor não esteja seguro em utilizar esses recursos nos primeiros momentos, pode, ainda, solicitar durante a sua aula a presença de outro professor que esteja mais preparado. Dessa forma, ele terá os auxílios necessários para as situações imprevisíveis.

Depois de todas essas considerações, você deve estar se perguntando: será que, diante de tantas questões, vale a pena utilizar o computador como recurso didático?

118 INFORMÁTICA NA EDUCAÇÃO

Na verdade, o intuito deste capítulo é apenas sinalizar situações que geralmente não são comentadas nas capacitações em informática na educação, e com certeza são essas as questões que mais amedrontam os professores iniciantes nessa área. Sabendo que essas situações são corriqueiras, não se sentirão tão inseguros, visto que terão ciência de que tais imprevistos são comuns nesses locais.

Além das questões citadas, relacionadas ao manuseio dos softwares e do hardware, os professores vão se deparar com um ambiente ativo, para o qual eles também não foram formados. Eis mais um motivo para a necessidade da qualificação para lidar com essa nova dinâmica.

Quadro 7.1 Resumo dos principais problemas e soluções para o gerenciamento de uma sala de aula em ambiente de informática

Problemas	Possíveis soluções
O computador não completou o processo de inicialização.	Verifique em qual etapa o processo de inicialização (*boot*) parou. Pode ser que algum periférico esteja com o cabo desconectado.
O computador travou.	Feche algumas janelas; ou tecle Control + Alt + Del (escolha a opção finalizar tarefa); reinicie a máquina utilizando o botão Reset; ou desligue o computador utilizando o botão Power.
O computador está lento.	Feche as janelas que estão abertas ou reinicie a máquina.
Soltou algum cabo?	Recoloque o cabo com o computador desligado.
Não aparece imagem no monitor?	Verifique se o monitor está ligado. Alguns usuários sempre desligam o monitor após o término do uso do computador e outros optam por deixá-lo ligado. Em geral, ao ligar o computador, automaticamente, o monitor já é ligado.
A impressora travou ou enganchou papel?	Tire devagar o papel que ficou enganchado. Tire os demais papéis da impressora. Cancele a impressão. Desligue a impressora. Tente novamente após ligar a impressora.

7.7 QUESTÕES SOBRE O PROCESSO DE QUALIFICAÇÃO DOS PROFESSORES EM INFORMÁTICA NA EDUCAÇÃO

As dúvidas mais frequentes quando a informática é utilizada na educação são: o professor precisa saber utilizar os computadores? O professor será substituído pela máquina? Se o professor tem de utilizar os recursos da informática, o que ele precisa aprender?

Há casos em que profissionais que atuam na área de informática educativa afirmarem que não é necessário que o professor saiba informática para utilizá-la como recurso didático; entretanto, é complicado entender como um profissional poderá utilizar uma ferramenta sem ter sido capacitado para tal. Como deve ser a sensação de um professor, ao se deparar com uma sala totalmente diferente daquela a que ele está habituado, sem conhecer os recursos básicos de um computador? Certamente, isso deve gerar extrema insegurança. A qualificação minimiza a insegurança, mas essa sensação só será superada após uma prática constante da utilização dessa ferramenta.

Os professores devem ser qualificados, pois são a mola mestra para o sucesso de implantação desses recursos no ambiente educacional. E é importante ressaltar que eles jamais serão substituídos pelo computador. O que ocorrerá é uma mudança de postura com relação ao processo ensino-aprendizagem, como já foi comentado inúmeras vezes neste livro e será reforçado no Capítulo 11.

Essa sensação de insegurança pode ser facilmente percebida pelos três depoimentos apresentados a seguir: o primeiro retrata uma professora que implementou o uso da informática na educação sem nenhuma orientação; o segundo retrata uma professora que está em processo de qualificação, mas ainda não iniciou o processo prático; e o terceiro retrata uma professora que iniciou suas atividades de informática na educação simultaneamente à qualificação e, atualmente, é multiplicadora, formando novos professores.

PRIMEIRO DEPOIMENTO

"Quando fui convidada para assumir as aulas ministradas em um ambiente de informática, minha primeira reação foi de medo. Sabia utilizar um computador e seus programas básicos, mas não tinha ideia de como associar conteúdos pedagógicos a ele. Estava habituada a um tipo de aula tradicional, com recursos comuns, como lousa, giz e apagador.

Por ser uma pessoa que gosta de desafios, aceitei estruturar o projeto de informática que estava nascendo. Ele teria vida pelas minhas mãos.

As aulas do Meninfor começaram em agosto de 1997. Recebi o convite no fim de junho daquele ano. Tinha praticamente um mês para me preparar. Pensei, pensei e pensei sobre a melhor maneira de apresentar um computador a adolescentes que nunca tinham tido acesso a uma tecnologia mais avançada.

Lembro-me do primeiro dia de aula. Não sei quem estava mais assustado: se era eu ou os adolescentes. Quebramos o gelo inicial, falamos sobre o computador, mas só nos aproximamos dele no final da aula. Mesmo assim, não deixei que eles utilizassem a máquina. Eu mesma demonstrei o que aquele equipamento era capaz de fazer.

No segundo dia, não podia adiar mais: tínhamos de utilizar o computador. As aulas estavam planejadas. Bastava colocá-las em prática. Foi o que fiz e é o que faço até hoje. Planejo, executo, verifico os progressos dos adolescentes, corrijo erros que porventura apareçam e planejo outra vez. É um trabalho muito interessante.

Esse desafio mudou minha postura dentro de uma sala de aula. Não quero mais voltar a aulas comuns como tinha no princípio. Estou sempre aberta para aprender mais e mais. Novos projetos vieram; novas posturas estão sendo exigidas. Só que agora me sinto preparada para desenvolver uma proposta pedagógica dentro de um ambiente de informática."

CAPÍTULO 7 | QUALIFICAÇÃO DOS DOCENTES E DEMAIS ATORES NA EDUCAÇÃO   **121**

SEGUNDO DEPOIMENTO

"Nesse período de qualificação em Informática na Educação, sinto-me muito bem como profissional em atualização e com a certeza de que estaria levando a meus alunos um poderoso instrumental, não apenas para a vida escolar, mas também para o seu cotidiano. Quando as aulas começaram, tivemos juntos ansiedades, medos, sustos, descobertas, avanços e aprendizagens que um ambiente novo poderia proporcionar. Como em toda área nova, é natural que eu fique um pouco insegura, mas o fato de poder contar com apoios técnico e pedagógico constantes fez com que eu não duvidasse dessa nova dimensão que a educação vem ganhando na Instituição e na sociedade em geral."

TERCEIRO DEPOIMENTO

"Trabalhar na Educação coloca-nos à frente de desafios constantes, e temos de estar sempre nos reciclando e procurando nos atualizar com as últimas tendências do mercado para auxiliar no processo ensino-aprendizagem. Sou uma pessoa que procuro estar nesse processo de reciclagem constante para atender melhor o meu aluno.

Comecei a ter contato com informática na educação logo que ela foi implantada no meu local de trabalho. Ficava no ambiente de informática, nos meus momentos vagos, auxiliando outra professora, que era formada em Letras e tinha conhecimento de informática. Naquela época, o meu conhecimento em informática restringia-se a ligar e desligar o computador. A minha insegurança era grande e a máquina parecia ser algo muito difícil de dominar. Mas continuava persistindo.

Na instituição na qual trabalho foi dada a oportunidade aos professores de se capacitarem em informática na educação.

A partir daí não parei mais. Logo depois a instituição ofereceu-me a oportunidade de ter uma sala onde o computador seria utilizado como uma ferramenta de trabalho. Iniciei o trabalho, ainda com os receios naturais por não dominar essa nova ferramenta, mas confiante de que seria um sucesso.

Hoje, na instituição, todas as crianças e adolescentes passam pela informática, desenvolvendo atividades que visam auxiliar no processo ensino-aprendizagem, e algumas ainda fazem parte de Projetos via Internet, como o Kidlink e o Mutirão Digital. Todos os professores estão sendo capacitados, e eu faço parte da equipe como Coordenadora de Informática na Educação e multiplicadora, atuando como formadora de novos professores nesse processo."

Esses professores trabalham em uma instituição de ensino que atende crianças e adolescentes de baixo poder aquisitivo de um município do interior de São Paulo, com o intuito de oferecer serviços para uma melhor integração social.

7.8 CICLO DE APRENDIZAGEM

O ciclo de aprendizagem na área de informática na educação pode ser descrito em três etapas: qualificação propriamente dita, exercitação e planejamento de novas ações.

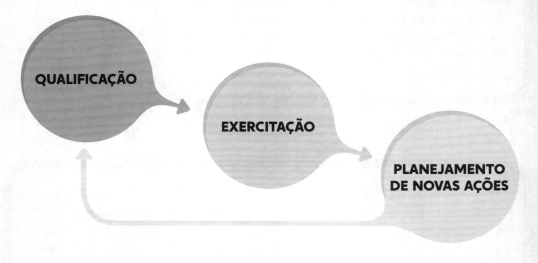

Figura 7.1 Ciclo de aprendizagem.

- **Qualificação propriamente dita:** é o momento em que os professores assumem o papel de aluno e, com o auxílio de um professor com conhecimentos em informática na educação, aprendem os conteúdos tecnológicos e os elos existentes entre tecnologia e as propostas pedagógicas. A grande vantagem desse tipo de qualificação é a troca de conteúdos e a motivação proporcionada. Nos aspectos tecnológicos, é interessante que o professor domine as noções básicas do sistema operacional (Windows), dos editores de textos, das planilhas eletrônicas, dos bancos de dados, dos programas gráficos, dos softwares educacionais e de acesso à internet.

Caso o professor deseje expandir seus conhecimentos, pode, ainda, aprender a utilizar softwares de programação (por exemplo, Logo, Delphi), de criação de sites e softwares de autoria, que permitem a criação de aulas conforme o interesse e o enfoque do professor. O conhecimento apenas específico desses softwares não é suficiente. O mais importante é como o professor vai relacionar a ferramenta com seu trabalho em sala de aula. Portanto, é interessante que, durante a própria qualificação, os professores montem planos de aula com o uso das ferramentas aprendidas, para que possam exercitar uma reflexão sobre os conteúdos assimilados.

- **Exercitação:** é o momento em que o professor começa de fato a ministrar aulas com o uso dos computadores. Esse é o momento mais importante para o seu aprendizado, pois ele coloca na prática tudo o que aprendeu. Caso já tenha elaborado os planos de aula na fase anterior, essa é a hora de validá-los. Durante a exercitação, o professor vai se deparar com uma série de questionamentos sobre a aula ministrada e, então, ele desenvolverá uma visão crítica mais definida e segura para propor melhorias.

- **Planejamento de novas ações:** muitas vezes, o início da implantação de um projeto de informática na educação não ocorre de uma integrada. O mais importante é iniciar o processo e, principalmente, vencer as inseguranças iniciais. Após a fase de exercitação, o professor terá uma visão crítica mais definida, ou seja, terá condições de propor as devidas melhorias com base em sua prática. Poderá planejar melhor suas aulas, incorporando a proposta pedagógica definida pela escola com as tecnologias disponíveis.

Com a rápida evolução na área da informática, os professores precisam se reciclar constantemente, principalmente com relação às novidades, às novas versões de softwares e aos novos equipamentos que surgem a todo momento.

Ao preparar suas aulas no ambiente de informática, o professor deve ficar atento para abordar os seguintes aspectos:

- Determinar com clareza os objetivos a serem atingidos, os conteúdos a serem abordados, a estratégia a ser utilizada para alcançar as metas previamente definidas, os recursos necessários para a prática da aula. Nesse momento, recomenda-se determinar o software a ser utilizado e, por fim, qual critério de avaliação será utilizado.

- Devem-se sempre ter como ponto de partida as experiências anteriores dos alunos e suas relações cotidianas, com foco nas atividades significativas.

- As aulas devem ser desafiadoras, incluindo problemas que devem ser resolvidos. Devem-se evitar as aulas mecânicas, em que o aluno repete os passos indicados pelo professor, mas não associa o aprendizado.

- Os planejamentos devem ser feitos em equipe com os demais professores da escola. A utilização da informática torna-se mais ampla e dinâmica.

- Devem ser previstas as práticas sociais da informática nos planos de aula, sempre relacionando as ferramentas com as mudanças sociais.

7.9 TECNOLOGIA NA EDUCAÇÃO: UM PROCESSO DE MUDANÇA

É fácil entender que os professores precisam estar abertos para aceitar e incorporar essa nova realidade. Ao perceber a necessidade de mudar e avaliar os resultados obtidos com as mudanças adotadas, existe um intervalo para processar as mudanças de paradigmas. Sabemos que todo processo de aprendizagem é doloroso, e precisamos de um tempo para nos sentir mais seguros e conseguir ultrapassar mais uma desafio no desenvolvimento pessoal e profissional.

A incorporação das novas tecnologias de comunicação e informação nos ambientes educacionais provoca um processo de mudança contínuo, não permitindo mais uma parada. As mudanças ocorrem cada vez mais rapidamente e em curtíssimo espaço de tempo.

O processo de qualquer mudança, seja no âmbito profissional ou pessoal, pode ser representado da seguinte forma:

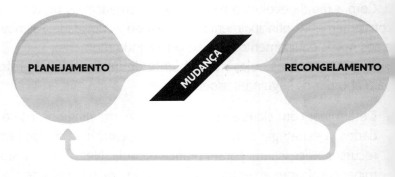

Figura 7.2 Processo de mudança.

> Como mencionado em todos os capítulos deste livro, de forma direta ou indireta, a qualificação dos profissionais envolvidos no processo de uso de tecnologias digitais na educação requer mudança e aperfeiçoamento contínuos.

A etapa de **planejamento** refere-se ao momento em que nos deparamos com a necessidade de que precisamos mudar. É a conscientização da mudança e, se não mergulharmos de cabeça, podemos correr um sério risco de ficar à margem do que acontece ao nosso redor. Essa fase é caracterizada pela sensibilização. Ela ocorre quando o professor percebe que precisa mudar e rever seus paradigmas.

A etapa de **mudança** ocorre quando já estamos no processo de mudar, assimilando os novos conceitos, os novos

CAPÍTULO 7 | QUALIFICAÇÃO DOS DOCENTES E DEMAIS ATORES NA EDUCAÇÃO **125**

paradigmas. A mudança é concluída quando estamos aptos a enfrentar a nova realidade proposta.

A terceira etapa, **recongelamento**, ocorre quando reiniciamos um novo processo de mudança. Por exemplo, quando aparecem novas versões de programas, novos equipamentos disponíveis e ficamos com aquela sensação comprovada de que, diante do mundo tecnológico, nunca estaremos prontos. Sempre estaremos diante de uma nova realidade e da necessidade de aprender. Precisamos novamente descongelar os últimos paradigmas e reiniciar o processo de mudança.

A área de informática é caracterizada pela inovação constante. Ela nos força a mudar sempre, seja para utilizar uma máquina mais potente e rápida, seja para trabalhar com um software mais atualizado e com novos recursos.

O processo de mudança torna-se natural. Acompanhe um exemplo bastante prático. Participando de um projeto educacional, era preciso aprender a utilizar um software de comunicação via internet, o mIRC. Enquanto eram preparadas as atividades, surgiu outro software mais atualizado e com recursos mais dinâmicos que o próprio mIRC. Escolheu-se esse novo software, o ICQ, mesmo tendo aprendido há pouco tempo o mIRC. Hoje, também não se utiliza mais mIRC nem o ICQ, mas WhatsApp ou Skype. Qual o próximo software de comunicação on-line? Quanto tempo vai demorar para termos um novo software?

As inovações na área de informática sempre nos deixam em defasagem. É impossível acompanhar todas as mudanças. Estamos em constante estágio de ignorância tecnológica. Se não nos lançarmos a essas inovações, com certeza ficaremos cada vez mais atrasados. Devemos estar convictos de que estamos diante de um imperativo tecnológico. É preciso sempre questionar tais alterações, nem sempre adotá-las. O questionamento é imprescindível: precisamos ser críticos e saber usar a criticidade. As mudanças não se limitam aos instrumentos físicos, mas às mudanças na sociedade, na cultura, na economia, na forma de produção, na forma de aprender, nos sistemas de comunicação e nas atividades mais simples do cotidiano.

7.10 TRANSFORMAÇÃO: UMA CONCRETIZAÇÃO DA APRENDIZAGEM

A transformação é a ação realizada ao tentar obter um novo aprendizado. O processo de mudança comentado anteriormente pode ser aplicado às questões de aprendizagem e não deve se restringir às questões tecnológicas físicas (ou seja, trabalhar com um computador), mas ao seu contexto.

O aprender é um processo de mudança contínua. O indivíduo é um sujeito inacabado que está sempre aprendendo e se transformando. A sua transformação deve ir

126 INFORMÁTICA NA EDUCAÇÃO

além do seu mundo interno e transcender externamente. Se o indivíduo consegue transformar, significa que ele conseguiu aprender e formulou um novo conhecimento a partir de suas interconexões biológicas, psicológicas, históricas, sociais e culturais.

Ao falarmos sobre o momento de recongelamento, citado anteriormente, estamos nos referindo às questões de acomodação, adaptação e auto-organização inerentes ao processo de aprendizagem. Essas questões precisam ser continuamente descongeladas, visando à construção de novos conhecimentos.

Diante dos paradigmas educacionais emergentes, podemos perceber o quanto o professor, como um dos agentes do processo da educação, precisa estar aberto à nova realidade. Não existe mais a condição de o educador deter todo o conhecimento. Ele está em constante atualização e negociação para se adaptar às novas condições intelectuais. Ele precisa também se autoconhecer para que consiga interagir com todos e tudo que está ao seu redor, considerando sempre uma visão ecológica, em que esteja consciente das relações coletivas do seu próprio aprendizado.

O aprendizado, além de ser um processo em contínua mudança, é coletivo. Negar o contexto no qual se vive é se isolar; é não querer perceber o que está ao redor; é desprezar uma característica típica do ser humano: a capacidade de aprender. Aprender é mudar. Aprender significa romper constantemente para que possamos nos posicionar como seres autônomos e transformadores diante do ecossistema no qual estamos inseridos.

7.11 PROPOSTA EXPERIMENTAL DE FORMAÇÃO DE PROFESSORES EM TECNOLOGIA EDUCACIONAL

Ainda no século XXI, comumente encontramos professores recém-formados que não sabem ligar computadores e muito menos associar esse instrumento às suas atividades educacionais. Por que as escolas de formação de professores não se preocupam em tirar seus alunos do analfabetismo tecnológico e evitar que participem de uma nova exclusão social?

Sabemos que a maior parte de cursos de formação de professores não contempla a utilização das novas tecnologias da informação e da comunicação em seus currículos, seja na educação do Ensino Médio no Magistério, seja em faculdades de Pedagogia ou nas diversas licenciaturas. Poucas são as escolas de formação de professores que contemplam o computador como ferramenta pedagógica e, mesmo assim, oferecem pouco ou nenhum ganho efetivo de aprendizado aos seus alunos (professores).

Diante dessa realidade, a autora estruturou e aplicou um curso de 160 horas com o intuito de formar professores para utilizarem o computador como ferramenta pedagógica, além de utilizá-lo como instrumento de trabalho para o seu cotidiano dentro

CAPÍTULO 7 | QUALIFICAÇÃO DOS DOCENTES E DEMAIS ATORES NA EDUCAÇÃO **127**

ora da escola. Essa proposta de formação de professores foi utilizada em trabalhos de consultoria e em um curso de pedagogia denominado Formação de Professores em Tecnologia Educacional.

A seguir, acompanhe os principais objetivos dessa prática, a metodologia, a forma de avaliação e, por fim, os principais ganhos.

7.11.1 Objetivos

O objetivo geral dessa prática na formação de professores em tecnologia educacional era complementar a formação dos profissionais da área ou demais interessados no uso das novas tecnologias em ambientes educacionais. Esse curso visava preparar os professores para sua inserção na era digital.

Os objetivos específicos a serem alcançados foram: apresentação da informática e outras tecnologias como ferramenta pedagógica; elaboração de projetos educacionais com o uso de tecnologias; análise de softwares educacionais; utilização do computador como instrumento auxiliar no desenvolvimento de atividades diversas do cotidiano escolar e fora dele; utilização da internet como recurso didático; e estimulação do senso crítico dos educadores quanto à utilização da informática como ferramenta pedagógica.

7.11.2 Metodologia

O curso Formação de Professores em Tecnologia Educacional foi composto por nove módulos: Oficina de Projetos com Windows, Oficina de Projetos com Word, Jornal na Sala de Aula, Oficina de Projetos com Excel, Oficina de Projetos com Softwares Educacionais, Oficina de Projetos com PowerPoint, Oficina de Projetos com Internet, Oficina de Projetos com Criação de Home Pages.

Os módulos desse curso ocorreram em dois momentos distintos (com exceção do módulo Sensibilização em Informática na Educação, pois ele constituía-se apenas em discussão teórica e reflexiva, sem a prática tecnológica propriamente dita), que são:

Repasse de noções tecnológicas: são apresentados os diversos recursos dos aplicativos e softwares.

Integração entre tecnologia e propostas educativas: os professores refletem e elaboram projetos educativos e planos de aula a partir de suas necessidades pedagógicas utilizando o computador.

Os principais conteúdos abordados nos momentos de integração desse curso foram construção de projetos educativos tendo como base as orientações do educador espanhol Fernando Hernández, interdisciplinaridade, apresentação das ações do

INFORMÁTICA NA EDUCAÇÃO

Governo Federal quanto à informática na educação no Brasil, conceitos e abordagens da informática na educação, paradigmas educacionais emergentes, novo papel do administrador escolar, do professor e do aluno, análise e adequação de softwares para fins educacionais, educação na Era Digital, novas formas de aprender na Era Digital, apresentação, caracterização e conceitos de comunidades virtuais de aprendizagem, desenvolvimento de pesquisas e atividades via internet.

7.11.3 Avaliação

A avaliação do curso foi realizada durante o desenvolvimento de todas as atividades propostas em cada um dos módulos, sendo que, no final de cada módulo, foi proposto que:

- os professores deviam treinar para desenvolver aulas e/ou projetos com os aplicativos ou softwares apresentados;
- os professores deviam elaborar um projeto multidisciplinar para a sua escola ou entidade educacional utilizando o computador como uma das ferramentas pedagógicas.

7.11.4 Resultados alcançados com essa proposta curricular

Os principais resultados obtidos nessas capacitações foram a eliminação da tecnofobia (medo do computador), os professores passaram a conviver de forma mais interativa e a entender melhor os recursos oferecidos pelos computadores, a utilização efetiva dos computadores por parte de todos os professores como ferramenta pedagógica e como instrumento para suas atividades cotidianas, melhorou a autoestima dos professores, visto que podiam estar mais próximos da linguagem de seus alunos e por fim, alguns professores passaram a ser multiplicadores nesse processo, formando novos professores.

7.12 ANÁLISE CRÍTICA DA FORMAÇÃO CURRICULAR E DAS NOVAS TECNOLOGIAS EDUCACIONAIS

A quem pertence o conhecimento das novas tecnologias da comunicação e da informação? Quem se beneficia com esses conhecimentos? Quem seleciona esses conhecimentos? Por que estimular o conhecimento tecnológico? Por que a escolha desses conteúdos curriculares? A quem pertence a ideia de progresso tecnológico? Progresso para quem? Quais são alguns dos efeitos reais das novas tecnologias no mercado de trabalho futuro? Essas são algumas das questões analisadas pelos grandes curriculistas, as quais devemos levar em consideração.

CAPÍTULO 7 | QUALIFICAÇÃO DOS DOCENTES E DEMAIS ATORES NA EDUCAÇÃO **129**

Estamos diante da sociedade da informação. Existem muitos autores que afirmam que estamos além disso, entrando na era da pós-informação. Qualquer que seja a era em que estejamos inseridos, o certo é que todos os movimentos sociais, econômicos e políticos estão se configurando de forma binária. É a nova configuração dos sistemas produtivos.

Uma das formas de alterar a configuração de dominação de uma sociedade é nos infiltrarmos no guarda-chuva da dominação, de tal forma que possamos entender e perceber o que está acontecendo, com uma visão crítica das relações envolvidas. Isso pode ser realizado identificando quais são os órgãos e mecanismos que atuam na dominação (governos, sindicatos, associações). A partir desse diagnóstico, podemos alterar e melhorar nossas formas de viver, compartilhar e, assim, reconfigurar a sociedade. A utilização do computador e da internet sofre resistências similares às que aconteceram com a incorporação da TV, do cinema e do telefone e, mesmo assim, esses recursos de comunicação cresceram e são importantes instrumentos da nossa realidade atual e nos ajudam na melhoria da qualidade de vida, pois geram novas oportunidades.

Segundo o educador estadunidense Michael Apple (2000), o trabalho docente está crescentemente se tornando o que estudiosos do processo de trabalho chamam de intensificado. Mais e mais coisas precisam ser feitas, e menos tempo temos disponível para fazê-las. O crescimento das tecnologias também tem se desenvolvido de tal forma que menos precisamos saber – o conhecimento de que precisamos para lidar com ela é cada vez menor. É nesse momento que devemos voltar a nos perguntar: a quem pertence esse conhecimento? Quem possui a hegemonia desse conhecimento? Observe que cada vez mais os sistemas informatizados estão mais fáceis de serem entendidos e que são poucos os que conhecem o que está por trás daquilo que vemos e utilizamos como usuário.

Com certeza, poucas são as pessoas que têm acesso a esse conhecimento, mas a era digital (pelo menos para alguns) já está a todo vapor, e estamos diante de uma nova forma de exclusão social, cultural e econômica. Talvez, de uma perspectiva muito otimista, também possamos supor que estamos diante de uma nova oportunidade nunca vista antes para aproximar as populações mais necessitadas daquelas mais abastecidas.

Estamos diante de uma nova realidade, que permite estarmos presentes de forma virtual, sem limites geopolíticos e temporários. Estamos mais próximos de uma grande comunidade, uma comunidade mais global, mais humana, mais fraterna. Podemos presenciar guerras a distância, podemos ajudar pessoas praticamente em tempo real. Podemos ter acesso a informações sobre discriminação e contribuir para uma melhoria. Podemos receber denúncias e agir. Podemos nos expressar, falar para o mundo e ser ouvidos. Podemos ter acesso a muitas novidades e informações, o qual jamais teríamos por outro meio. Podemos amar, mesmo a distância, amores nunca vividos de perto. Podemos ver crianças recém-nascidas ainda na maternidade. Podemos fazer doações, ser voluntários digitais. São novas relações e possibilidades que se criam, novas formas de viver.

Podemos fluir, como o fluxo de um rio, que vai e vai. Estamos diante de uma oportunidade; não podemos cair em um otimismo bobo, mas precisamos acreditar em um mundo melhor e agir para que isso aconteça.

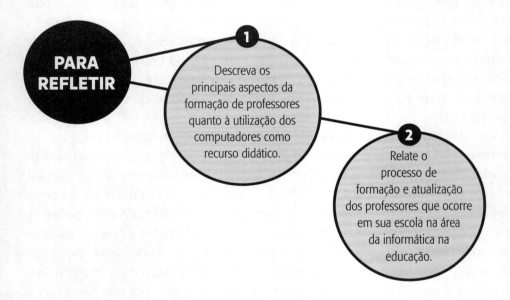

PARA REFLETIR

1. Descreva os principais aspectos da formação de professores quanto à utilização dos computadores como recurso didático.

2. Relate o processo de formação e atualização dos professores que ocorre em sua escola na área da informática na educação.

CAPÍTULO
8

JORNAL: POSSIBILIDADES DE RECURSOS DIDÁTICOS

OBJETIVOS

- Apresentar a utilização de jornais com o auxílio dos computadores como recurso didático.
- Expor as formas de utilização de jornais na sala de aula.
- Fornecer algumas orientações para elaboração de um projeto de jornal no ambiente educacional.

Uma das formas frequentes de utilização do computador em atividades pedagógicas é com o desenvolvimento de jornais e revistas, simulando uma redação real de um jornal ou revista impressos ou digitais. Promoveremos uma reflexão sobre essa proposta, aliada ao uso do computador na sala de aula.

8.1 VANTAGENS DOS JORNAIS COMO RECURSO DIDÁTICO

Qualquer produção jornalística exige do repórter preparação e pesquisa prévias. Produzir o quê? Um cartão, um cartaz, um protótipo de um robô, um poema, uma história em quadrinhos, uma pesquisa, um relatório com resultados de um estudo, uma entrevista, um software multimídia, uma apresentação virtual, um desenho. Produzir tudo isso de forma organizada e direcionada para uma possível veiculação em um único meio: o jornal.

Sabemos que a produção de textos é um dos componentes mais importantes para a consolidação de nossos conhecimentos. Quem se expressa, o faz em função de alguma situação e finalidade, incluindo uma visão crítica sobre algo.

As grandes vantagens da utilização dos jornais para fins educacionais são:

- estimular a leitura e a escrita;
- proporcionar a formação crítica dos alunos quanto às informações recebidas;
- estimular o aprendizado de novos conhecimentos;
- facilitar o acesso aos fatos e acontecimentos na comunidade do aluno ou mesmo no sentido global.

CAPÍTULO 8 | JORNAL: POSSIBILIDADES DE RECURSOS DIDÁTICOS **133**

Adiante, abordaremos duas formas de utilização do jornal na escola: utilidade dos jornais nas escolas e vinculação ou não da utilização de jornais disponíveis no mercado.

> A possibilidade de uso dos jornais como estratégia pedagógica pode ser entendida como uma forma integradora de uso dos recursos tecnológicos e desenvolvimento de projetos, conforme sugerido como metodologias ativas, mencionadas no Capítulo 11.

8.2 CLASSIFICAÇÃO DA UTILIDADE DOS JORNAIS NAS ESCOLAS E SUA FINALIDADE

- **Para fins institucionais:** desenvolvidos com o intuito de divulgar as atividades da escola, as áreas físicas, o corpo de profissionais e as demais informações que delimitam a imagem da instituição: funciona como um instrumento de marketing.
- **Para fins educativos:** matérias e reportagens desenvolvidas pelos próprios alunos e professores, com base em seus trabalhos. Esses jornais servem como instrumento motivador para o desenvolvimento da leitura e da escrita.
- **Híbridos:** quando existem as duas características anteriormente citadas em um mesmo jornal.

8.3 CLASSIFICAÇÃO DA UTILIDADE DOS JORNAIS EDUCATIVOS E SUA RELAÇÃO COM JORNAIS EXISTENTES NO MERCADO

- **Independente:** quando os jornais de mercado são utilizados apenas para estimular a leitura e a análise crítica dos textos. Nessa classificação, a produção de matérias para o jornal é desenvolvida a partir dos temas dos projetos da escola, sem intermediação de jornais externos.

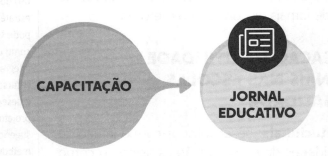

Figura 8.1 Modelo independente de utilização de jornais.

- **Interdependente:** ocorre quando utilizamos algum jornal do mercado para o desenvolvimento do jornal educativo da escola. As matérias a serem publicadas são originadas de matérias preexistentes em outros jornais. Esse modelo é estimulado pelas empresas jornalísticas.

Figura 8.2 Modelo interdependente de utilização de jornais.

Algumas escolas também utilizam o jornal como fonte bibliográfica para estudos disciplinares. Nesse caso, o professor deve estar atento à veracidade e à parcialidade das informações. Essa estratégia de ensinar conteúdo escolar com utilização do jornal integra o objetivo significativo da disciplina com o mundo real vivenciado pelo aluno.

Veja, a seguir, um passo a passo para o desenvolvimento prático de uma atividade com a utilização interdependente de jornais:

1. Apresente o jornal por inteiro (capa, cadernos).
2. Apresente os elementos que o compõem:
    - **Textos:** títulos, editoriais, expediente, manchetes.
    - **Gráficos:** diagramação, figuras, cores, bordas.
    - **Aspectos físicos:** tipo e gramatura de papel, número de páginas, tamanho do papel.

3. Escolha um tema a ser trabalhado. Ao longo dos dias, verifique junto com os alunos as matérias publicadas que tenham relação com o tema.

4. Proponha a elaboração de redações, desenhos, análises estatísticas, entrevistas, músicas ou qualquer forma de expressão que represente o assunto em estudo.

5. A partir das produções citadas, publique os trabalhos. Quem sabe você consegue imprimir o primeiro exemplar do seu jornal?

8.4 ROTEIRO PARA ELABORAÇÃO DO JORNAL NA ESCOLA

Depois de ter conhecido os benefícios do uso do jornal como recurso didático e como um canal de disseminação de produções realizadas na escola, comece o seu projeto de elaboração do jornal. Veja algumas sugestões para o projeto:

1. Escolha uma equipe de professores e alunos para que sejam os coordenadores e responsáveis pela produção do jornal.

2. Essa equipe deve definir alguns aspectos metodológicos:

a) O nome do jornal (o qual pode ser o resultado de uma competição entre os alunos). Se possível, também sugira um *slogan* e um logotipo para o jornal.

b) A linha editorial, isto é, o objetivo do jornal que será lançado.

c) As editorias que serão desenvolvidas: meio ambiente, política, turismo, educação, cultura, comportamento, saúde, esportes etc. Após a escolha das editorias, sugira atividades que possam ser publicadas, como entrevistas, depoimentos, músicas, poesias, recados, quadrinhos, desenhos, orientações de profissionais especializados, cruzadinhas, caça palavras, fotos, *cartoons* e outras que forem interessantes para a escola. Tratando-se de um jornal independente, proponha alguns temas trabalhados na própria escola e, a partir deles, elabore as produções para o jornal.

d) A distribuição das editorias entre os professores e alunos (promova competições para a publicação dos melhores resultados).

3. Defina a frequência e a tiragem do jornal. Lembre-se de que cada jornal lançado deve ser diferente dos anteriores. Não é recomendado ter sempre as mesmas editorias, não mudar a forma de distribuição das figuras e dos textos. Certamente, a leitura ficaria bastante desanimadora.

4. Fique atento às questões de distribuição do jornal. Será efetuada via mala direta? Em condomínios? Ou por intermédio dos próprios alunos e professores? Caso a distribuição ocorra fora do ambiente escolar, o jornal deve ter um jornalista responsável registrado em sindicato.

136 INFORMÁTICA NA EDUCAÇÃO

5. Verifique a viabilização econômica. Qual o custo do jornal? Quem será o financiador? Terá patrocínios de empresas? Faça uma pesquisa em outros jornais similares, verificando os custos dos espaços. Procure empresas locais que possam ter interesse em financiar a publicação.

6. Quem fará parte da equipe técnica de produção? Quem é responsável pela diagramação? Quantas cores terá o jornal? Lembre-se de que, quanto mais cores, maior será o custo da publicação do jornal.

7. Onde será impresso o jornal? Qual é o tipo de papel? Qual o tamanho do jornal? O tamanho de jornal indicado para uso educacional é o tabloide, que corresponde à metade do jornal comum.

8. Não se esqueça de incluir a avaliação durante todo o processo de desenvolvimento do jornal. É necessário que a equipe avalie os trabalhos elaborados. Após a publicação, é necessário verificar se os resultados esperados foram atingidos. Caso contrário, verifique quais foram os problemas e tome as medidas corretivas para que os erros não se repitam.

9. Após todos os passos anteriormente definidos, é interessante repassá-los para um cronograma, a fim de acompanhar melhor o desenvolvimento das atividades previstas.

Durante essas etapas, o computador deve ser utilizado como instrumento para a produção do jornal. Podemos destacar as principais utilidades do computador nessas atividades:

a) digitação de todas as matérias que serão publicadas;

b) elaboração da diagramação, com arranjo físico das matérias e imagens utilizadas no jornal;

c) criação e inserção de desenhos;

d) alteração de fontes, seja para os títulos, os subtítulos ou os textos das matérias;

e) busca de imagens na internet;

f) fonte de consulta para a elaboração das matérias e pesquisas envolvidas no jornal;

g) salvar o arquivo em .pdf ou outro padrão utilizado para impressão em alta resolução; manutenção do banco de dados com os nomes das pessoas que receberão o jornal, bem como a impressão de etiquetas da mala direta.

Para a produção de jornais na escola, é possível contar com diferentes tipos de programas, dos mais simples aos mais sofisticados. Escolha aquele que mais se adapta à sua escola:

- **Corel Draw e Illustrator:** programas gráficos muito utilizados para elaboração de desenhos e preparação de imagens para impressão gráfica. Esses programas não são apropriados para a elaboração de textos, entretanto, existem usuários que os utilizam para essa finalidade.
- **InDesign:** programa de editoração eletrônica profissional, muito utilizado para a produção de livros, revistas, panfletos, materiais publicitários etc.
- **Word:** programa de editor de texto. Não é apropriado para a criação de jornais, entretanto, é possível obter boas produções.
- **Creative Writer:** programa infantil para a elaboração de jornais, banners e cartões. Possui muitas ilustrações, bordas e efeitos de fontes. Ideal para desenvolver jornais com crianças de 8 a 12 anos.
- **Photoshop:** programa apropriado para captura de imagens a partir de um scanner, bem como tratamento na qualidade de imagens.

8.5 JORNAL ELETRÔNICO

Quando falamos de jornal, logo pensamos no modelo convencional impresso. Entretanto, com a expansão da internet, o jornal pode ser em formato eletrônico. A escola pode desenvolver o jornal eletrônico seguindo os passos descritos neste capítulo, seja para pesquisar informações ou mesmo para a publicação do jornal.

Para acessar os jornais eletrônicos, as escolas devem estar conectadas à internet. Caso a escola deseje publicar seu jornal on-line para todos, necessita elaborar um site e providenciar sua publicação.

Se a escola optar por esse tipo de jornal, ela pode utilizar os programas citados anteriormente, além de necessitar de editores de sites. Dentre os softwares mais utilizados podemos apontar a linguagem HTML, por exemplo.

8.6 OS BLOGS E A OPÇÃO PARA PUBLICAÇÃO VIRTUAL DOS TRABALHOS ESCOLARES

Atualmente, os blogs são serviços de publicação de informações on-line com um grande número de acessos. Eles foram criados para publicação de diários, mas se tornaram importantes para a publicação de conteúdo, sendo utilizados, inclusive, por empresas e pessoas físicas em geral.

Inicialmente, esses diários continham apenas textos, porém, com o avanço e a adesão dessa ferramenta, logo os blogs começaram a permitir inclusão de fotos e vídeos. Os blogs são bastante indicados para a publicação de trabalhos escolares, incluindo jornais eletrônicos das escolas.

Além dos blogs, os vídeos do YouTube também são opções para a publicação de conteúdos escolares, pois integram textos, imagens, sons e animações. Outra opção para publicação de trabalhos dos alunos é o Instagram, aplicativo que permite a postagem de fotos e vídeos curtos. Com esse recurso, o aluno poderá trabalhar com o foco da síntese da informação a ser apresentada.

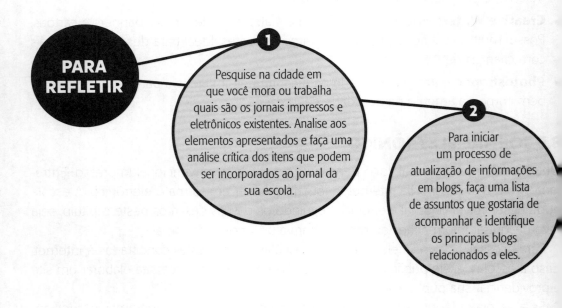

PARA REFLETIR

1. Pesquise na cidade em que você mora ou trabalha quais são os jornais impressos e eletrônicos existentes. Analise aos elementos apresentados e faça uma análise crítica dos itens que podem ser incorporados ao jornal da sua escola.

2. Para iniciar um processo de atualização de informações em blogs, faça uma lista de assuntos que gostaria de acompanhar e identifique os principais blogs relacionados a eles.

CAPÍTULO 9

A INTERNET E SEUS RECURSOS PARA USO EM PROJETOS EDUCACIONAIS

OBJETIVOS

- Apresentar um breve histórico dos principais momentos do desenvolvimento da internet.
- Explicar o funcionamento da rede de computadores.
- Apresentar os principais recursos que podem ser utilizados para fins educacionais, como a *World Wide Web* (WWW), o FTP, os tipos de comunicação síncrona e assíncrona, os bate-papos (chats), o correio eletrônico, as listas de discussão, os fóruns, as comunidades virtuais, os ambientes de aprendizagem e as redes sociais.
- Apresentar as principais regras para relacionamentos on-line e a netiqueta (etiqueta para o mundo virtual).

9.1 BREVE HISTÓRICO DOS PRINCIPAIS MOMENTOS DO DESENVOLVIMENTO DA INTERNET

O cenário do mundo atual, com intensos e constantes avanços tecnológicos baseados no desenvolvimento da microeletrônica e das telecomunicações, com computadores globalmente conectados à internet, conforme comentado em capítulos anteriores, é recente. Tudo começou no século XX, com mudanças e inovações frequentes.

Os primeiros computadores eram muito diferentes dos existentes na atualidade. Eram enormes, e às vezes ocupavam andares inteiros de um prédio. A capacidade dessas máquinas era medida em m² em vez de bytes.

Em sua criação, na década de 1950, a internet era de uso restrito do governo estadunidense. Veja, a seguir, os principais momentos do desenvolvimento da internet:

- A internet surgiu em pleno período de Guerra Fria (1947-1991). Na década de 1950, o governo estadunidense criou a Advanced Research Projects Agency (ARPA) com a missão de pesquisar e desenvolver alta tecnologia para as forças armadas. Na década de 1960, surgiu a rede ARPAnet, o primeiro sinal do que viria a ser a internet que conhecemos atualmente. O objetivo era interligar os principais centros militares estadunidenses para que a comunicação fosse rápida, eficiente, sem depender de um comando central e que continuasse funcionando caso algum de seus pontos fosse atingido.

- Na década de 1970, as universidades começaram a utilizar a internet, e esse meio de comunicação passou a ser também acadêmico, além de militar. Foi realizada a primeira conexão internacional entre Inglaterra, Noruega e Estados Unidos por meio de cabos, rádios e satélites.

- A grande rede foi se desenvolvendo. Em 1974, 62 computadores já estavam conectados pelo mundo, mas era necessário aperfeiçoar o protocolo de comunicação da ARPAnet, que podia prestar serviço apenas a 256 máquinas. Criou-se, então, o protocolo TCP/IP (Transmission Control Protocol/Internet Protocol), capaz de oferecer 4 bilhões de endereços, sendo usado até os dias atuais. Esse protocolo possibilita a comunicação entre os diferentes tipos de computadores conectados à internet, independentemente da plataforma utilizada.

Mas a grande rede começou a cresceu de fato a partir da década de 1980 e, principalmente, na década de 1990, quando passou a ser comercializada por empresas e grandes corporações.

A internet chegou ao Brasil somente em 1992, por intermédio da Rede Nacional de Pesquisa (RNP), interligando as principais universidades e centros de pesquisa do país, além de algumas organizações não governamentais. Só em 1995 foi liberado o uso comercial da internet no Brasil.

No segmento da educação, desde 2007, a internet vem sendo amplamente utilizada no Ensino Fundamental, com projetos publicados em sites educacionais, interligando alunos de várias séries e diferentes escolas. Eles têm sido usados para criar espaços escolares virtuais, incluindo ambientes para acompanhamento das notas, frequência dos estudantes e informes gerais para os pais, entre outros serviços.

No Ensino Superior, várias instituições já utilizam ambientes virtuais de aprendizagem para promover complementação pedagógica semipresencial. Assim, é possível desenvolver inclusão digital e social para os estudantes e dinamizar o processo de ensino-aprendizagem.

No âmbito empresarial, a internet conecta empresas e clientes, gerando oportunidade de novos negócios e ampliação dos existentes. Transações bancárias, compras on-line, pesquisas de preços, mapeamento de rotas turísticas e acompanhamento logístico são apenas alguns dos exemplos de uso da internet nos negócios.

Observe a Figura 9.1, com a história da internet.

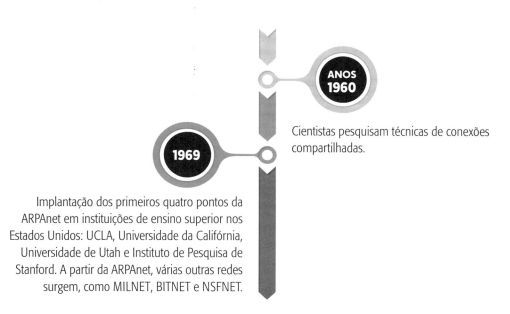

142 INFORMÁTICA NA EDUCAÇÃO

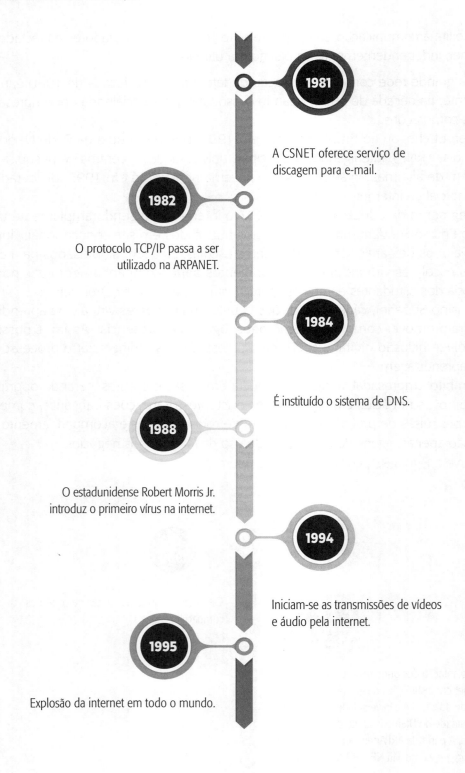

1981 — A CSNET oferece serviço de discagem para e-mail.

1982 — O protocolo TCP/IP passa a ser utilizado na ARPANET.

1984 — É instituído o sistema de DNS.

1988 — O estadunidense Robert Morris Jr. introduz o primeiro vírus na internet.

1994 — Iniciam-se as transmissões de vídeos e áudio pela internet.

1995 — Explosão da internet em todo o mundo.

CAPÍTULO 9 | A INTERNET E SEUS RECURSOS PARA USO EM PROJETOS EDUCACIONAIS

Internet acoplada à televisão. Comércio eletrônico via internet. Acesso à internet via telefonia celular.

Videoconferência.

Comunicação da internet por meio da voz.

Aumento extensivo do uso da internet para realização de negócios em âmbitos empresarial e acadêmico.

Figura 9.1 História da internet.

> Entender a cronologia do desenvolvimento da internet nos faz pensar nos acontecimentos sociais, econômicos, culturais e tecnológicos mencionados nos Capítulos 1, 2, 3 e 11 deste livro. Reforçamos a importância de as propostas pedagógicas serem associadas aos demais contextos.

9.2 A REDE DAS REDES DE COMPUTADORES: A INTERNET

A internet também é conhecida como a rede das redes de computadores, pois interliga as redes mundiais, formando uma malha universal de computadores. Dizemos que existe uma rede de computadores quando há mais de dois computadores interligados, comunicando-se, trocando e compartilhando informações.

As redes de computadores podem ser classificadas de duas formas:

- **Redes locais:** quando o raio de distância entre os computadores não ultrapassa 2 a 3 km. Geralmente são utilizadas dentro de empresas ou condomínios com prédios localizados em um mesmo espaço físico. Nessas redes, os computadores estão interligados entre si por cabos especializados, como coaxial, de par trançado ou de fibra óptica.
- **Redes remotas:** são interligações de computadores separados por mais de 3 km. Essas redes utilizam fibras ópticas. Um exemplo de rede remota é a internet.

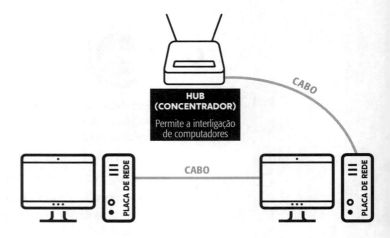

Figura 9.2 Modelo de uma rede local.

> Apesar de não haver um dono específico e ser permitido publicar conteúdo livremente na internet, cada vez mais os juristas estão instituindo leis aplicáveis ao ambiente virtual. Questões como comercialização de produtos, direitos autorais, privacidade, fraudes em geral, entre outras, já são cobertas por essas leis. Entende-se que o ambiente virtual deve ser controlado legalmente, como os demais ambientes cobertos pela lei.
> O site *Internet Legal – O Direito na Tecnologia da Informação* <www.internetlegal.com.br> traz uma série de informações relevantes. Acesso em: 18 jun. 2018.

A internet diferencia-se bastante das redes locais e apresenta características particulares, como destacado a seguir:

- não há um dono específico e não pertence a nenhum governo;
- a organização da internet é desenvolvida pelos administradores das redes que a compõem e pelos próprios usuários;
- não é controlada por ninguém, porém, existem movimentos que estimulam o controle de sites que publicam conteúdos pornográficos, racistas e que contenham conteúdo que estimule o preconceito;
- mesmo que um computador esteja desligado ou quebrado, a internet continua funcionando;
- computadores com diferentes configurações de hardware e software conseguem se comunicar.

9.3 TIPOS DE CONEXÕES COM A INTERNET

Quanto às formas de conexão com a internet, podemos classificá-las em acesso discado ou acesso dedicado.

- **Acesso discado:** a conexão é realizada a partir de uma linha telefônica doméstica, porém, é muito lenta. Também é chamada de *dial-up*. Atualmente, esse tipo de acesso é pouco utilizado, visto que a evolução tecnológica tem atingido boa parte dos espaços geográficos da população.

- **Acesso dedicado:** não utiliza linha telefônica. Podem ser utilizadas LP (linhas privadas de dados), ondas de rádio, *frame relay*, feixes de *laser* (fotônica) ou satélites que conectam uma rede de computadores diretamente ao provedor. Possui alta velocidade de acesso à internet. Para esse tipo de conexão são necessários:

  - **Roteador:** equipamento que seleciona a rota para encaminhamento das comunicações entre os computadores da rede.

  - **Linha de dados de alta velocidade:** obtida a partir da contratação desse serviço diretamente com a empresa de telefonia. Esse tipo de conexão é bastante encontrado nas empresas, condomínios e escolas. Não necessita de modem, sendo necessário apenas uma placa de rede, que faz a conexão. No momento, também já são utilizadas conexões por meio de ondas magnéticas oriundas de rádios.

Outra modalidade de acesso à internet são as redes locais sem fio, conhecidas como wi-fi. Além das residências, é muito utilizada em locais públicos, como shoppings, cafés, aeroportos, hotéis etc.

O wi-fi permite a comunicação entre os computadores por meio de frequência de rádio ou infravermelho. Para acessá-lo, basta estar com algum equipamento (smartphone, tablet, computador) na área de abrangênca da rede e ter a senha de acesso. wi-fi não significa rede gratuita, significa apenas rede sem fios ou cabos. Em muitos lugares, para conseguir acessar, é necessário ter a senha.

9.4 PRINCIPAIS RECURSOS DA INTERNET

Veremos, a seguir, quais são os principais recursos da internet, como *World Wide Web* (WWW), FTP, modalidades de comunicação, chat ou bate-papo, correio eletrônico, lista de discussão, fóruns, comunidades virtuais, ambientes de aprendizagem, redes sociais e principais regras de etiqueta nesses meios virtuais.

Nos próximos capítulos, mostraremos como esses recursos podem ser utilizados para fins educacionais.

9.4.1 *World Wide Web* (WWW): links, hipertexto e hipermídia

A *World Wide Web* (WWW) é uma grande teia que interliga várias mídias (textos, imagens, animações, sons e vídeos) simultaneamente, formando um imenso hipertexto. Para acessá-la, é necessário baixar um programa de navegação, chamado navegador, ou browser. Entre os mais conhecidos estão Firefox, Chrome, Safari e Internet Explorer.

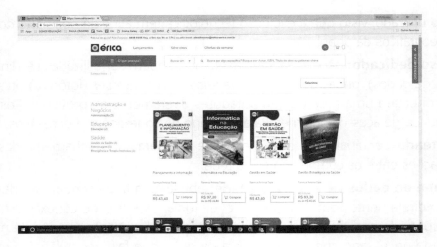

Figura 9.3 Exemplo de uma página da WWW.

Ao navegar pela internet, é possível realizar uma verdadeira viagem pelo mundo e pesquisar sobre os mais diversos assuntos educacionais, conforme orientação dos docentes. Ainda é possível gravar os endereços das principais páginas e imprimi-las para, posteriormente, analisá-las.

As páginas da WWW podem ser utilizadas como fonte de pesquisa para trabalhos escolares, mas lembre-se de que na internet também existe a Lei dos Direitos Autorais, portanto, não se esqueça de mencionar a sua fonte de pesquisa. Essas páginas possuem endereços, que são conhecidos como *Uniform Resource Locator* ou URL, compostos de acordo com a Figura 9.4.

Figura 9.4 Estrutura de um endereço da internet.

- **HTTP//:** é método de leitura da página. Também existem outros métodos, como o HTTPS e o FTP.
- **Computador a ser conectado:** também conhecido como *Domain Name System* (DNS) ou apenas domínio. Refere-se ao endereço propriamente dito do site. Geralmente, tem relação direta com o nome da empresa dona do domínio.

CAPÍTULO 9 | A INTERNET E SEUS RECURSOS PARA USO EM PROJETOS EDUCACIONAIS **147**

- **Pasta dentro do computador conectado:** armazena as diferentes páginas de um site.

Na época de seu desenvolvimento, a internet podia interligar vários usuários por meio do correio eletrônico, mas, a partir da década de 1980, foi possível visualizar imagens gráficas na grande rede. Essa inovação ocorreu em função dos novos recursos desenvolvidos na WWW, que permitiram também a navegação entre computadores e páginas de todo o mundo, além da ampliação das vivências virtuais em vez de apenas vivências analógicas e presenciais.

As pessoas comumente dizem que navegam na internet. Essa concepção pode causar estranheza para as pessoas ainda acostumadas ao mundo analógico, mas é possível realizar mudanças de paradigma e transferir antigas concepções para o mundo digital. Imaginar uma série de sinais digitais que transmitem mensagens em alta velocidade e descobrir diversas informações simultaneamente, além de transcender barreiras físicas e geográficas, pode ainda parecer cena de um filme de ficção, mas é realidade.

Transferir situações analógicas para digitais significa a possibilidade de deixar de estar presente fisicamente para realizar determinadas tarefas. Por exemplo, para efetuar pagamentos, não necessitamos ir até o banco; para fazer compras no supermercado, não necessitamos passar horas escolhendo os produtos e pegar filas; para fazer cursos, não necessitamos nos deslocar até a instituição de ensino.

Uma situação analógica prevê, necessariamente, a presença física das pessoas envolvidas no processo. É preciso estar no local do acontecimento. As situações digitais não necessitam das pessoas disponíveis nos locais ou mesmo no momento em que o processo ocorre. Tais conceitos são necessários para que possamos visualizar essas possibilidades e transferi-las para as situações de cotidiano no trabalho e nas atividades pessoais.

Partindo da concepção anterior sobre as situações analógicas e digitais, podemos comparar as atividades desenvolvidas em sala de aula presencial à utilização dos recursos disponíveis na internet.

Por fim, imagine que você programou com seus alunos uma pesquisa de preços para a compra de cestas básicas. Um dos percursos analógicos para o desenvolvimento da pesquisa seria ir a vários supermercados para localizar preços mais acessíveis. Imagine realizar essa mesma atividade com percurso digital. Bastaria navegar pelas páginas on-line dos supermercados e realizar a busca sem sair de casa.

Retornando à análise do termo "navegar", ele remete à época das grandes navegações, quando foram descobertos novos continentes e regiões. Os comandantes conduziam as caravelas, assim como hoje nos conduzimos pelos "mares digitais" que queremos visitar. A navegação na internet pressupõe uma atitude ativa do usuário, que define o trajeto desejado, pois não existe rota predeterminada. Podemos chegar a um mesmo local por diferentes caminhos.

Links são os pontos que interligam as páginas, também conhecidos como nós. Por meio deles, conseguimos navegar na internet. Sempre que o ponteiro do mouse se transforma no símbolo da mão, significa que na página em que navegamos há um link.

A WWW funciona como uma verdadeira teia de aranha. Tudo está interligado, e ainda que você quebre um pedaço dessa teia, ela continua existindo. Nesse cenário digital, todos os computadores estão conectados, formando um hipertexto universal. Isto é, o hipertexto é o conjunto de vários links interligados. Como a internet interliga computadores de todo o mundo, podemos dizer que a WWW forma um hipertexto universal.

Alguns autores distinguem os termos hipertexto de hipermídia, conforme a seguir:

- **Hipertexto:** navegação somente a partir de textos.
- **Hipermídia:** navegação a partir de textos e imagens.

Atualmente, o termo hipertexto é considerado sinônimo de hipermídia. Já a WWW é formada por várias páginas.

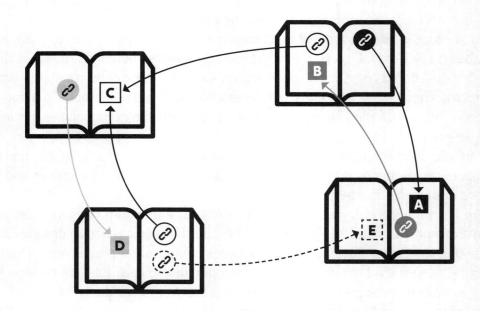

Figura 9.5 Representação dos links e hipertextos.

CAPÍTULO 9 | A INTERNET E SEUS RECURSOS PARA USO EM PROJETOS EDUCACIONAIS **149**

O conteúdo de uma página publicada na internet é semelhante ao que é mostrado na Figura 9.5. Cada página na internet está interligada a uma ou várias outras páginas, nas quais encontramos muitas imagens, textos, vídeos e sons. Elas são bastante dinâmicas.

9.4.2 FTP: protocolo de transferência de arquivos

O *File Tansfer Protocol* (FTP) é o serviço que possibilita o envio (upload) e o recebimento (download) de arquivos on-line. Por meio do FTP, é possível copiar programas disponibilizados na internet. Com a evolução dos browsers, a captura de arquivos costuma ser possível a partir da própria WWW. Basta que o usuário clique no arquivo e, em seguida, informe em qual diretório ficará armazenado o arquivo que será salvo.

O Quadro 9.1 apresenta alguns exemplos de sites que disponibilizam programas a partir do FTP.

Quadro 9.1 Endereços de sites com softwares para download, jogos e atividades em geral

Site	Endereço
Atividades Educativas	www.atividadeseducativas.com.br
Barbie	http://br.barbie.com
Canal Kids	www.canalkids.com.br/portal/index.php
Cambito – Jogos	www.cambito.com.br/jogos.htm
Crianças – UOL	http://criancas.uol.com.br
Iguinho – IG	http://iguinho.ig.com.br
Kids Freeware	www.kidsfreeware.com
Turma da Mônica	www.monica.com.br
Jogos Educativos	http://jogoseducativos.jogosja.com
Jogos	www.ojogos.com.br
Planetinha	www.planetinha.com.br
Q Divertido	www.qdivertido.com.br
Recreio On-line	http://recreionline.abril.com.br

Os serviços de FTP, para enviar e receber arquivos, também podem ser realizados a partir da utilização dos programas de correio eletrônico, conforme a Figura 9.6. Observe que algumas mensagens são precedidas do desenho de um clipe. Essas mensagens possuem arquivos "anexados", ou seja, os remetentes enviaram arquivos que ficaram armazenados no computador de destino.

Figura 9.6 Exemplo de tela de correio eletrônico.

9.5 MODALIDADES DE COMUNICAÇÃO NA INTERNET

Comunicar-se nunca foi tão fácil, rápido e barato. Os serviços on-line mais utilizados são aqueles voltados à comunicação. Existem dois tipos de comunicação na internet:

- **Síncrona:** é a comunicação que só ocorre se existirem dois ou mais usuários interligados à internet no mesmo momento, como os chats para bate-papo. Um exemplo de comunicação síncrona comum no dia a dia é o telefone, pois só conseguimos utilizá-lo adequadamente quando há outra pessoa para atendê-lo.
- **Assíncrona:** é a comunicação que ocorre mesmo quando um dos computadores está desligado. Ao enviarmos uma mensagem, não é necessário que o destinatário esteja com o computador conectado à internet naquele momento. Por exemplo, correio eletrônico, listas de discussão, fóruns. Com relação ao exemplo do item anterior, quando usamos o telefone e deixamos uma mensagem na secretária eletrônica, fazemos uma comunicação assíncrona.

Para o desenvolvimento de atividades educacionais, é indicado utilizar os recursos de comunicação assíncronos, pois não é necessário que os participantes da comunicação estejam on-line no mesmo instante.

Os e-mails têm sido um dos recursos mais utilizados para o desenvolvimento de projetos entre escolas ou mesmo entre os alunos de uma escola. Apresentaremos algumas ideias para a elaboração de atividades com o uso dos recursos de comunicação em ambientes educacionais.

9.5.1 Chat: uma forma dinâmica de se comunicar

O serviço de chat costuma ser oferecido pelos sistemas de comércio eletrônico, ambientes virtuais de aprendizagem, entre outras modalidades de serviços on-line como uma forma de facilitar a interação entre as partes envolvidas.

Atualmente, um dos recursos mais utilizados para comunicação é o aplicativo para smartphone WhatsApp, que possibilita a comunicação entre as pessoas, constituindo grupos de discussão com temas variados.

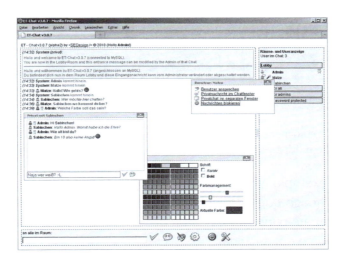

Figura 9.7 Representação de uma tela de sala de bate-papo na WWW.

Nas salas de bate-papo on-line, é possível promover discussões sobre um tema que deve ser trabalhado em tempo real entre escolas de qualquer região ou país. Para isso, é necessário apenas agendar previamente o horário do debate com a outra escola.

Além das salas de chat disponíveis, existem programas específicos para reuniões ou discussões, como o Skype, bastante utilizado em todo o mundo. O Skype tem como grande vantagem as chamadas de vídeo, o que facilita a comunicação. O usuário pode ainda decidir com quem deseja se comunicar. A qualquer momento é possível bloquear o contato com usuários com indesejados. Imagine estar em uma sala de aula em ambiente on-line e você recebe notificação que professores ou diretores de uma escola distante da sua desejam começar uma comunicação pelo bate-papo. É uma grande mudança de paradigma nas formas de ministrar uma aula. É a escola se tornando-se mais ampla, indo além da fronteira dos seus muros.

Em comparação com as salas de bate-papo, uma vantagem do Skype é a possibilidade de uma comunicação mais rápida, pois os usuários podem acessar vários canais simultaneamente. Além de permitir uma reunião com várias pessoas ao mesmo tempo, o Skype permite conversas por digitação, áudio ou vídeo.

Figura 9.8 O programa Skype pode ser acessado tanto pelo computador quanto em dispositivos móveis, como tablets e smartphones.

É possível, por exemplo, você estar trabalhando com um editor de texto e receber solicitação de um amigo que se conectou ao Skype e viu seu status on-line. Ele pode chamá-lo para um bate-papo no programa ou, se preferir, enviar um e-mail, para que você entre em contato em seguida.

Porém, é importante que alunos e professores fiquem atentos a mensagens enviadas por chats ou programas de comunicação, pois nem sempre sabemos quem são as pessoas que estão do outro lado da tela. A exceção é quando sabemos que o bate-papo é restrito a algum grupo específico, sem risco de haver participação de estranhos. Caso o site não seja de uso restrito, evite fornecer informações pessoais, como endereço, telefone, nome completo ou CPF.

Atualmente, o Messenger, aplicativo de mensagens do Facebook, também é muito utilizado. Ele tem as mesmas características do Skype, porém, para acessá-lo, é necessário estar dentro da plataforma do Facebook ou baixar o aplicativo. Outro aplicativo com grande adesão é o WhatsApp, que possibilita a troca de mensagens síncronas e assíncronas. Para acessá-lo, basta instalar o *app* no smartphone; se desejar, o usuário também pode acessá-lo em seu computador.

CAPÍTULO 9 | A INTERNET E SEUS RECURSOS PARA USO EM PROJETOS EDUCACIONAIS

Figura 9.9 Messenger, comunicador integrado à rede social Facebook.

5.2 Correio eletrônico ou e-mail

A troca de e-mails, ou correio eletrônico, é o serviço de comunicação mais utilizado na internet. Ele funciona da mesma forma que um correio convencional, em que o emissor (remetente) define o endereço do receptor (destinatário), escreve a mensagem e a envia pelo correio; assim que a recebe, o receptor pode acessá-la (lê-la).

Um e-mail pode ser enviado a qualquer dia e hora e é recebido instantaneamente pelo receptor, mesmo que seu computador esteja desligado naquele momento. O correio eletrônico é bem mais rápido e tem um custo muito mais baixo que o correio convencional.

Os programas mais conhecidos de correio eletrônico são o Microsoft Outlook e os serviços de webmail, como Gmail ou Outlook.com.

De forma geral, o formato de uma correspondência eletrônica apresenta os seguintes campos:

- **De:** endereço do remetente.
- **Para:** endereço do destinatário.
- **Assunto:** título do assunto da mensagem.
- **CC:** endereços copiados que também receberão a mensagem.
- **CCo:** endereços em cópia oculta que receberão a mensagem.
- **Anexo:** arquivo anexado à mensagem.
- **Mensagem:** espaço para a redação do texto da mensagem.

O formato de uma tela de correio eletrônico pode variar de acordo com o programa utilizado com a sua versão.

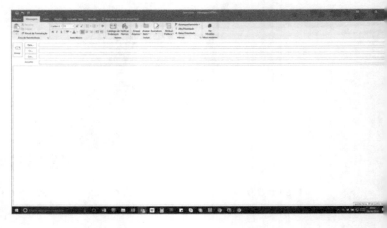

Figura 9.10 Representação de uma tela de composição de e-mail no Microsoft Outlook.

Ao utilizar um serviço de correio eletrônico, é important também ficar atento às regras de boas maneiras on-line, ist é, as netiquetas. É importante lembrar que:

- é muito comum o uso de abreviaturas, mas, no caso d e-mails formais ou de trabalho, recomenda-se evitá-las;
- evite utilizar letras maiúsculas, pois, na internet, isso signif ca estar "gritando";
- caso necessite expressar alguma emoção, é possível utiliz ícones, como os emoticons;
- a netiqueta também é válida na comunicação nas salas c chat.

> O item 9.9 deste capítulo trata da netiqueta. Assim, você aprenderá a se comunicar da melhor maneira possível nesse novo ambiente educacional on-line.

Como dito anteriormente, os endereços eletrônicos sã chamados de e-mail, sendo compostos pelo nome do usu rio e seu endereço no provedor de e-mail. Veja o exemplo:

sanmya@provedor.com.br

(usuário)@(endereço do provedor)

Os e-mails podem ser criados no momento em que nc conectamos on-line e nos cadastramos em um provedor c correio eletrônico. Observe os Quadros 9.2 e 9.3.

CAPÍTULO 9 | A INTERNET E SEUS RECURSOS PARA USO EM PROJETOS EDUCACIONAIS **155**

Quadro 9.2 Identificação das organizações nos endereços da internet

Código	Tipo de organização
.net	Empresa de suporte de rede
.org	Outras organizações
.mil	Militar
.gov	Governo, não militar
.edu	Instituição educacional ou de pesquisa
.com	Entidades comerciais

Quadro 9.3 Identificação dos países nos endereços da internet

Código	Países
.com.au	Austrália
.com.br	Brasil
.com.ca	Canadá
.com.es	Espanha
.com.fr	França
.com.it	Itália
.com.jp	Japão
.com.pt	Portugal

É muito simples distinguir um endereço de e-mail de um endereço de site. No endereço de e-mail existe sempre @ (arroba) separando o nome de usuário. O endereço de um site começa com http://, https//: ou ftp://.

O envio de mensagens pelo correio eletrônico ocorre das seguintes formas:

Um para um: um usuário enviando mensagem para o outro, isto é, quando você envia uma mensagem para apenas um usuário.

Um para vários: um usuário enviando mensagem para vários usuários, isto é, quando você envia, simultaneamente, uma mensagem para várias pessoas.

Todos para todos: um usuário envia mensagem para uma lista de discussão. É quando você envia uma mensagem para as demais pessoas que estão cadastradas em uma lista de discussão. Essas pessoas podem reenviar as mensagens para todas as outras. Em seguida, mostraremos os recursos de uma lista de discussão.

156 INFORMÁTICA NA EDUCAÇÃO

Vale ressaltar que a informática, além de agilizar e racionalizar as diversas atividades realizadas pelo ser humano, modifica a forma de comunicação e de linguagem na sociedade.

9.5.3 Lista de discussão

A lista de discussão funciona de forma semelhante ao correio eletrônico. A diferença é que as pessoas inscritas na lista são, simultaneamente, emissoras e receptoras, e a comunicação é coletiva. As listas são montadas por pessoas, empresas ou entidades que têm interesse em agrupar indivíduos com os mesmos objetivos sobre determinados assuntos. As listas com contatos também podem ser chamadas de *mailing*.

Existem listas que reúnem pessoas das áreas médica, jurídica, educacional etc. É possível encontrar os mais variados tipos de lista, conforme o interesse. As listas de discussão funcionam da seguinte forma:

- Existe um administrador da lista. É o usuário responsável por tirar todas as dúvidas.
- Ao enviar um e-mail para a lista, todos os usuários cadastrados recebem a mensagem.
- As mensagens devem ser de interesse coletivo. Não se enviam mensagens particulares pela lista, pois isso é considerado falta de netiqueta.
- Não utilizar letras maiúsculas nos textos.

As listas de discussão podem ser administradas de duas formas:

- **Moderadas:** quando existe um administrador ou moderador que controla todas as mensagens que circulam na lista.
- **Não moderadas:** quando não existe um administrador que controla as mensagens trocadas na lista.

Ao montar um projeto educacional on-line, a lista de discussão é um importante recurso pedagógico, pois pode fazer que os alunos e professores integrados ao projeto participem de forma rápida e ativa. Portanto, ao enviar uma mensagem pela lista, todos os usuários inscritos a recebem.

Para utilizar a lista de discussão em um projeto educacional, é importante criar algumas regras, como:

- Padronizar as mensagens enviadas. Aquelas de interesse particular devem ser evitadas, dando ênfase às mensagens de interesse coletivo.
- Especificar o assunto do e-mail. Dessa forma, os usuários abrirão apenas as mensagens de interesse específico da escola. Quando as listas possuem muitos

CAPÍTULO 9 | A INTERNET E SEUS RECURSOS PARA USO EM PROJETOS EDUCACIONAIS **157**

inscritos, a falta dessa regra pode complicar a comunicação, já que muitas mensagens podem ser enviadas em um mesmo dia. Especificar o assunto facilita o filtro de mensagens.

Padronizar o formato dos arquivos anexados com informações dos trabalhos escolares e especificar os programas utilizados no projeto. Por exemplo, se duas escolas estão trocando arquivos de Word, as duas instituições de ensino devem utilizar a mesma versão do programa, para que não haja problemas no acesso e na comunicação.

Padronizar o tamanho dos arquivos enviados, para facilitar o envio e o recebimento. Em algumas localidades, o acesso à internet ainda é lento.

Para se inscrever em uma lista de discussão, é possível enviar um e-mail para um ndereço eletrônico específico disponibilizado ou seguir estes passos:

digitar o endereço da lista no campo *To* ou Para;

deixar o campo *Subject* ou Assunto em branco;

escrever no campo de mensagem a palavra *Subscribe* (em alguns casos, é necessário escrever o nome da lista e o nome do usuário);

em seguida, apertar *Send* ou Enviar;

pronto, agora basta aguardar a mensagem de confirmação de inscrição para começar a se comunicar com outras pessoas cadastradas. Para ficar mais prático o envio dessas mensagens, basta dar um *Reply* (isto é, responder ao destinatário) a partir da mensagem que confirmou a inscrição.

Como regra de boas maneiras, sugere-se que o novo usuário envie uma primeira nensagem de apresentação. Coloque "Apresentação" no campo Assunto, apresentee a todos e boa sorte!

.5.4 Fórum

fórum também é uma forma de comunicação assíncrona. Ele funciona da seguinte maneira: as pessoas definem um tema para discussão e abrem um tópico. Nesse spaço, os participantes começam a escrever suas respostas e considerações sobre tema.

A vantagem dos fóruns é que qualquer membro participante pode acessar o histórico de mensagens de outros participantes em cada tópico. Também é possível que ada membro comece uma uma nova discussão quando desejar. Os fóruns ficam disponíveis em páginas da internet.

9.6 SISTEMAS VIRTUAIS COLABORATIVOS E COOPERATIVOS

A internet oferece o desenvolvimento de recursos e ambientes que favorecem a colaboração e a cooperação entre as pessoas envolvidas em um projeto, no estudo de um tema, ou em qualquer atividade em que a interação seja um dos elementos essenciais para o sucesso do projeto.

Esses elementos colaborativos e cooperativos são encontrados nas comunidades virtuais, nas redes sociais, como Facebook, Linkedin ou Instagram, nos blogs e até mesmo nos recursos de canais do YouTube. A seguir, abordaremos cada elemento e apontaremos como é possível utilizá-los para o desenvolvimento de projetos educacionais.

9.6.1 Comunidades virtuais

A palavra comunidade vem do latim *communis*, isto é, algo que pertence a todos ou a muitos. Esse termo também tem significado de associação, corporação de pessoas com vida comum, agremiação congreganista, qualidade do que é comum de um povo ou país, o lugar onde vivem pessoas agremiadas. Também pode ser considerado comunhão, identidade, uniformidade.

O termo "comunidades virtuais" foi inventado em 1993 pelo professor estadunidense Howard Rheingold, que lhe deu o seguinte significado: "agregações sociais que surgem da internet quando pessoas suficientes mantêm suficientes debates públicos, com suficiente sentimento humano para formar teias de relacionamentos no ciberespaço."

Costa, Fagundes e Nevado (1998) acrescentam que a construção de comunidades bem-sucedidas significa reunir pessoas que partilham dos mesmos interesses, mas os abordam a partir de diferentes perspectivas ou com experiências diversas.

Por sua vez, Estrázulas (1999) complementa afirmando que as comunidades virtuais são o protótipo de associações humanas em um futuro próximo, sendo necessário refletir, ainda, sobre a relevância da participação de cada indivíduo e, em particular, sobre seus efeitos nos mecanismos das participações coletivas.

As comunidades virtuais podem ser extensões das comunidades presenciais, ou mais uma potencialidade de ser e poder ser das circunstâncias presenciais. Elas não excluem nem afastam os seres humanos; podem aumentar as interações, colaborações e cooperações entre as pessoas, mesmo que estejam geográfica e temporalmente afastadas. Elas quebram as fronteiras, ampliam as teias de acesso para que as pessoas se integrem.

Além disso, a comunidade virtual pode ser entendida como um conjunto de pessoas disponíveis com interesses comuns, não necessariamente presentes fisicamente.

CAPÍTULO 9 | A INTERNET E SEUS RECURSOS PARA USO EM PROJETOS EDUCACIONAIS **159**

nas em diferentes posições geográficas. Os computadores são instrumentos que possibilitam a entrada no mundo digital e, por consequência, nas comunidades virtuais. O compartilhamento ocorre de forma instantânea e interativa.

As comunidades virtuais proporcionam situações não uniformes, em que os usuários têm interesses em comum, mas podendo divergir ideologicamente. Os conflitos e debates nas comunidades virtuais, desde que respeitosos, podem enriquecer as interações, promovendo mutação e transformação constantes. É possível questionar temas como hegemonia do poder, autonomia, iniciativa e os próprios posicionamentos.

Portanto, podemos definir as comunidades virtuais como agrupamento de pessoas que utilizam um ambiente virtual com interesses em comum e mantêm suas conexões vivas, principalmente por meio das interações, colaborações e cooperações que, consequentemente, proporcionam novas oportunidades de debate e aprendizagem.

9.6.2 Elementos constitutivos de uma comunidade virtual

As comunidades virtuais estão presentes nas infovias, nas relações binárias que interligam boa parte dos países. Elas existem para que determinado grupo desenvolva ações comuns, com interesses e objetivos afins, que podem ser o desenvolvimento de pesquisas, estudos, intercâmbio de informações ou, simplesmente, para ampliar a possibilidade de realizar novos projetos.

Os elementos que compõem uma comunidade virtual podem ser agrupados em quatro blocos interdependentes: componentes físicos, lógicos, ideológicos e humanos.

9.6.2.1 Componentes físicos

Os componentes físicos das comunidades virtuais são todos os elementos físicos que as constituem, como o computador, o modem, a linha telefônica, os cabos e os demais elementos de uma estrutura física que possibilite acesso à rede de computadores. São os equipamentos que possibilitam a integração lógica e binária entre os participantes.

9.6.2.2 Componentes lógicos

Os componentes lógicos são as estruturas binárias, ou seja, os softwares utilizados para o acesso, a comunicação, a pesquisa e a construção de novos saberes disponíveis na internet.

São os programas utilizados para navegar, o correio eletrônico, salas de bate-papo e mensageiros instantâneos, os sites para buscas de informações, o desenvolvimento e a publicação de sites, blogs e redes sociais, além de todos os demais que estiverem à disposição das comunidades virtuais.

160 INFORMÁTICA NA EDUCAÇÃO

> O recurso *newsgroups* é semelhante à lista de discussão. A diferença é que as mensagens enviadas ficam armazenadas em um servidor e os usuários só acessam o que for de interesse.

> Videoconferência é o ambiente que permite a comunicação entre diversas pessoas com utilização de mídias imagéticas e sonoras, ou seja, há imagem e som.

Os componentes lógicos definem a estrutura do ambiente local virtual em que ocorrem as trocas e as construções coletivas. São essenciais para as comunidades virtuais. Tanto os componentes lógicos quanto os físicos estão em constante mudança, pois há aprimoramento de programas existentes e criação de recursos.

No momento, os principais recursos lógicos disponíveis são comunicação e pesquisa-publicação. Os principais instrumentos de comunicação que constituem as comunidades virtuais são correio eletrônico, listas de discussão, *newsgroups*, fóruns, salas de chat, videoconferência e serviços de comunicação das redes sociais.

Os elementos de pesquisa-publicação são as páginas da internet, ou seja, toda a teia on-line, o hipertexto universal que interliga o mundo no ciberespaço.

9.6.2.3 Componentes humanos

São todas as pessoas que participam das atividades da comunidade virtual, a partir das relações de colaboração e cooperação. Os membros reúnem-se para o desenvolvimento de ações comuns, independentemente do local onde se encontram. Seus interesses são comuns, e essas pessoas estão dispostas a compartilhar novas experiências, informações e atitudes.

É importante que os participantes de uma comunidade virtual tenham autonomia para opinar e contribuir, a partir de valores básicos, como respeito mútuo, igualdade e liberdade de expressão.

9.6.2.4 Componentes ideológicos

As pessoas reúnem-se em comunidades virtuais para desenvolver e alcançar objetivos em comum. Toda comunidade virtual possui temas e intenções compartilhados por seus membros que, a partir daí, desenvolvem debates e discussões.

A intenção em uma comunidade virtual significa que seus membros desejam e buscam melhorias, avanços e equilíbrio do meio que compartilham. Os objetivos comuns não

CAPÍTULO 9 | A INTERNET E SEUS RECURSOS PARA USO EM PROJETOS EDUCACIONAIS **161**

necessitam ser fixos ou iguais. Ao contrário, estão sempre em revisão, o que garante uma atualização contínua dos debates. As mudanças são propostas a partir de demandas criadas pelas ações dos membros da comunidade.

9.6.3 Relações nas comunidades virtuais e nas redes sociais

De acordo com Piaget (1973), a realidade social é composta por regras, valores e sinais. Tais regras são normas e sistemas de obrigações compartilhadas por indivíduos. Podem ser também pressupostos acordados formalmente entre os integrantes de uma sociedade ou comunidade.

Os sinais são os símbolos convencionalmente utilizados para representar a comunicação entre indivíduos. Os valores são resultados da aplicação das normas, sendo os sentimentos e as sensações oriundos delas.

Em uma comunidade, pode ocorrer trocar de valores entre duas ou mais pessoas, o que gera uma série de ações e sentimentos entre os participantes. O ser humano, ao se relacionar com outra pessoa, provoca uma ação e uma reação.

Ainda de acordo com Piaget (1973), a atitude de quem pratica uma ação, ou seja, presta um serviço para outro, é consequência de um sacrifício, uma renúncia atual, uma satisfação, um dispêndio ou um crédito. Já a pessoa que recebe a ação adquire uma dívida, um benefício, uma renúncia virtual ou um benefício atual. Para que haja uma relação de equilíbrio entre os membros de uma comunidade, é necessário que exista uma escala de valores comuns, um entendimento, acordos e gostos semelhantes. Dessa forma, é possível manter a coletividade necessária para manter uma comunidade virtual, uma coletividade covalorizada, ou seja, pessoas reunidas que interagem de acordo com valores comuns, proporcionando benefícios para todos os membros.

Entende-se por ambiente cooperativo aquele que é formado por pessoas com escalas de valores comuns, sejam valores duráveis ou não, podendo ser heterogêneos ou não. Entretanto, os interesses e gostos, apesar de serem individuais, não perdem sua importância coletiva, são compartilhados e entendidos por todos.

Os ambientes cooperativos proporcionam segurança, liberdade individual, confiança mútua, liberdade de pensamento e respeito à dignidade aos participantes. Quando não há mais valores ou objetivos em comum entre os membros, a relação deixa de ser cooperativa, o que pode gerar conflitos e problemas.

As comunidades virtuais são compostas por ambientes interativos. Nos ambientes cooperativos, ocorrem relações de colaboração e cooperação.

9.6.4 Interação

O termo interação é composto de um prefixo derivado do latim (*inter*) e um núcleo, também derivado do latim (*actiõ*, ação), que significam "inter" ou entre, no meio de; ação ou atuação, ato, feito, obra.

Para Maturana (1997), interações são perturbações recorrentes que provocam mudanças nos indivíduos. Essas mudanças ocorrem de acordo com as circunstâncias em que o indivíduo se encontra, podendo variar também com o contexto em que ele está inserido.

Para Piaget (1973), as interações humanas são norteadas por regras, valores e sinais das sociedades. Essas interações são chamadas pelo autor de fatos sociais, isto é, são ações que provocam mudanças ininterruptas na consciência individual de cada membro envolvido na interação.

9.6.4.1 Interações nas comunidades virtuais

Ao tratar de interações nas comunidades virtuais, considera-se o computador como o meio em que ocorrem as interações, além de ser um instrumento para medir a quantidade de trocas realizadas entre uma ou mais pessoas naquele ambiente.

Em uma comunidade virtual, a interação ocorre quando há fluxos e trocas de informações. No ciberespaço, o fluxo das comunicações pode ser hipertextual e ocorrer em uma sala de chat ou em uma lista de discussão.

Nas listas de discussão com diversos participantes, as mensagens circulam entre os membros sem uma lógica linear, nem sempre há respostas para todas as questões apresentadas. Muitas vezes, as discussões ocorrem em momentos diferentes, sem uma cronologia.

Os conteúdos compartilhados em comunidades virtuais ou salas de bate-papo mudam constantemente, de acordo com a participação dos membros. A única diferença entre esses ambientes on-line de comunicação é a forma de comunicação estabelecida, que, como explicado anteriormente, pode ser síncrona e assíncrona.

As comunidades virtuais podem proporcionar novas formas de aprendizagem a partir das interações que ocorrem em salas de chat e listas de discussão. Mas é preciso lembrar que toda comunicação está sujeita a interpretações, compreensões e novas construções, desenvolvidas com base em temas abordados anteriormente.

Interagir pressupõe ação recíproca e, nesse contexto, pode significar diálogo. Nesse caso, a interação pode ser dividida entre os seguintes elementos: emissor, canal, mensagem, receptor, interpretação e conteúdo devolutivo. Quando todos os elementos estão conectados, é possível verificar uma possível construção de conhecimentos e novos saberes.

Os membros de uma comunidade virtual estão em constante interação, promovendo trocas entre os integrantes de seu meio, com base no contexto em que estão inseridos e tipo de socialização. As interações podem ser internas e externas, proporcionar novas reflexões e mudanças, duráveis ou não. Nessas comunidades, não deve haver condutas individuais isoladas, sem relações interpessoais.

A interação entre os membros envolve também as questões históricas, sociais e psicológicas de cada indivíduo, estando além das relações individuais. Não é possível dissociar o ser de suas relações sociais. Sua perspectiva psicológica está associada à sua expectativa histórica e social. As atitudes sincrônicas (atuais) dos indivíduos estão associadas às questões diacrônicas (históricas), isto é, ao seu histórico pessoal.

A interação é uma relação de cruzamento e interseção entre membros da comunidade, conforme mostra a Figura 9.11. Os diálogos bidirecionais e hipertextuais entre indivíduos podem proporcionar a construção de conhecimentos em diversos momentos.

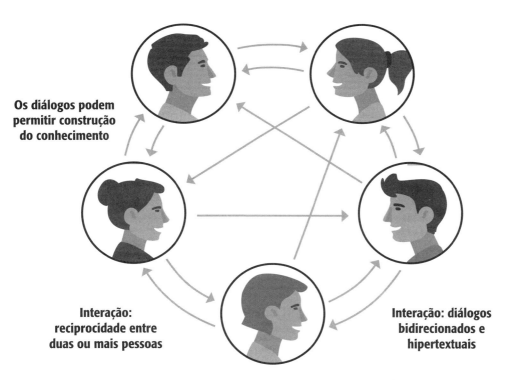

Figura 9.11 Exemplo de interação.

Nas comunidades virtuais, as interações são o alicerce para sua estruturação, composição e manutenção. A partir das interações interpessoais e intrapessoais, é possível perceber as trocas e os processos de construção dos conhecimentos. As interações são ativadas por estímulos externos, que podem provocar mudanças internas e externas no contexto em que estão inseridas.

Há uma interação quando os sujeitos se modificam mutuamente, conforme ilustra a Figura 9.12.

Figura 9.12 Circularidade na interação.

Cada relação social é completa, sendo capaz de produzir transformações na estrutura mental dos indivíduos participantes e proporcionar em cada um deles novas características de pensar e agir.

Por fim, é possível observar que as trocas existem quando a interação entre cada indivíduo modifica o grupo como um todo. Apesar de serem consideradas hipertextuais, essas relações estão em constante transformação, com idas e vindas, sendo necessária a participação de, pelo menos, um emissor e um receptor para que ela ocorra, conforme visto na Figura 9.12.

9.6.5 Cooperação

Barros (1994) faz uma distinção entre aprendizagem cooperativa e aprendizagem colaborativa. De acordo com a autora, a aprendizagem cooperativa obedece aos seguintes princípios pedagógicos:

- interdependência elevada entre os participantes do grupo;
- a interação não é, necessariamente, realizada pessoalmente, podendo ser adaptada a situações virtuais;
- necessidade de avaliação de desempenho individual;
- desenvolvimento de habilidades interpessoais e atividades em grupo (comunicação, liderança, confiança, tomada de decisão, gerência de conflitos), além de procedimentos em grupo.

CAPÍTULO 9 | A INTERNET E SEUS RECURSOS PARA USO EM PROJETOS EDUCACIONAIS **165**

Barros afirma, ainda, que, para que uma aprendizagem cooperativa seja bem-sucedida, é necessário que haja um objetivo compartilhado e compreendido por todos, definição de tempo para realização das atividades e encontros periódicos e frequentes.

Nas relações cooperativas, é necessário competência por parte dos membros do grupo, respeito mútuo, confiança, responsabilidades bem definidas (sem limites restritivos), aceitação de que as decisões não precisam ser baseadas em consenso, comunicação contínua e espaço para compartilhamento.

Mesmo em ambientes de aprendizagem cooperativa, é preciso lembrar que os indivíduos sofrem influências externas e que toda aprendizagem utiliza uma linguagem para promover as interações. A aprendizagem cooperativa é sinérgica, e os ganhos podem ser mais vantajosos quando comparados à aprendizagem solitária. Também é importante ressaltar que nem todos os indivíduos são bem-sucedidos nesse tipo de aprendizagem.

Nesse tipo de aprendizagem, os computadores servem como instrumentos para promover a comunicação, permitir o acesso a informações e recursos necessários para realizar as tarefas em comum. Mas é importante haver um líder ou um tutor (agente facilitador) para moderar as negociações, além de um indivíduo para fornecer as informações. Os membros integrantes do grupo realizam as atividades em rodízio, isto é, ocupam determinadas posições, conforme as situações (o que chamamos de liderança situacional). Nesse modelo, nem sempre existe um líder único, sendo possível surgir outros no próprio grupo, que se adaptam às diferentes situações ou criam novos cenários.

Nas comunidades virtuais, o líder exerce a função básica de comandar a equipe para realizar determinada tarefa ou mesmo no processo inicial de todas as atividades propostas. Ele promove tarefas e estimula a realização de cada uma delas, além de trabalhar pelo desenvolvimento da autonomia dos demais membros.

O papel do tutor é orientar os membros na realização de atividades, além de ensinar como interagir e utilizar os recursos disponíveis. Já o moderador de negociações é o membro responsável pelo intermédio dos interesses do grupo quando há opiniões divergentes ou mesmo na necessidade de escolher alternativas em uma determinada situação.

O provedor de informações é responsável por alimentar o ambiente virtual com as informações trocadas entre todos os membros, além de fornecer conteúdo sobre novas atividades ou mudanças ocorridas na comunidade virtual.

Em uma comunidade virtual, apesar de seus membros realizarem determinadas funções, nem sempre há uma clara divisão de trabalho, conforme apresentado nos exemplos anteriores. É importante que o grupo estabeleça as melhores práticas para executar e acompanhar as tarefas propostas.

Barros (1994) também acrescenta que todo o processo de implantação de um sistema de aprendizagem cooperativa em ambientes telemáticos envolve dois subprojetos. São eles o projeto técnico de software, responsável pela mediação da aprendizagem e da comunicação, e o projeto sociopedagógico.

Para avaliar um ambiente favorável à aprendizagem cooperativa, devem ser observadas a perspectiva do processo cognitivo (atividades em grupo, que ajudam o indivíduo a modificar o seu conhecimento), a perspectiva social (relacionamentos envolvidos para a execução das tarefas e manutenção do grupo) e a perspectiva gerencial (observada a partir do acompanhamento sistemático e da gestão do desempenho do grupo).

Por fim, é importante ressaltar que o sucesso da atividade cooperativa depende de um ambiente on-line, de tarefas que favoreçam a cooperação e que o grupo seja maduro e organizado.

Já a aprendizagem colaborativa, de acordo com Barros, é caracterizada, principalmente, pela contribuição, com existência de trabalho em comum para alcançar um mesmo objetivo. Nesse tipo de aprendizagem, as pessoas desenvolvem ações coletivas em prol de grandes objetivos comuns, pesquisam, tratam de temas de conscientização individual para lidar com problemas mundiais. Esse tipo de aprendizagem não significa aprender em grupo, mas a possibilidade de compartilhar ideias com outras pessoas, se ou quando necessário.

O termo colaboração, para alguns autores, é usado de maneira semelhante ao termo cooperação. Para melhorar a compreensão, podemos retratar suas diferentes abordagens.

O termo colaborar é oriundo do latim *collaborare* e significa trabalhar juntamente na mesma obra, auxiliar. Colaboração significa o trabalho realizado em comum com uma ou mais pessoas, sendo semelhante à cooperação. Colaborador é quem colabora.

Já Estrázulas (1999, p. 81) entende que colaboração é "a reunião das ações que são realizadas isoladamente pelos parceiros, mesmo quando não fazem na direção de um objetivo comum".

Assim, pode-se perceber que colaborar não significa realizar uma ação para alcançar um objetivo comum, mas desenvolver ações que se somam em busca de alcançar determinado resultado para apenas um indivíduo, sem que este esteja em uma equipe/grupo. Não são ações que necessariamente se integram, mas podem ser isoladas como contribuições individuais para uma pessoa.

Ter uma atitude colaborativa, mesmo que individual, é um passo para desenvolver atitudes cooperativas. Observe a Figura 9.13.

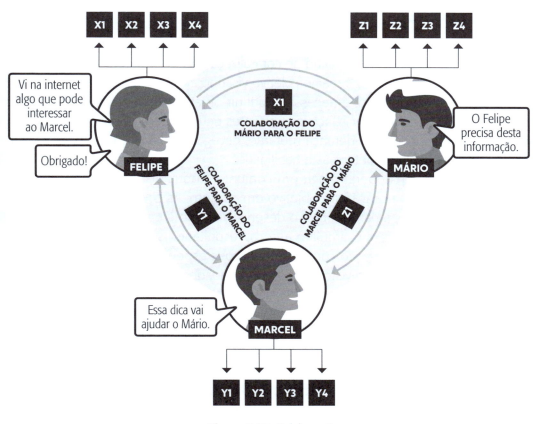

Figura 9.13 Colaboração.

As letras X, Y e Z na Figura 9.13 simbolizam objetivos específicos de cada personagem. Como os membros estão interagindo, então, naturalmente, podem colaborar entre si para alcançar objetivos individuais.

Na colaboração, os membros podem ter objetivos diferentes, mas, como estão interagindo uns com os outros, conhecem suas necessidades individuais e, por isso, podem promover colaboração para que todos atinjam seus objetivos.

As atitudes colaborativas podem gerar crescimento, mas não são interdependentes. Para que ocorra a colaboração, é necessário haver interação, visto que atitudes colaborativas pressupõem uma relação entre os membros de um grupo, mesmo que nem todos trabalhem em conjunto e busquem objetivos comuns. É possível que cada membro "some" ao projeto do colega, mesmo que não haja total participação.

9.6.6 Colaboração

Para Fagundes et al. (1999, p. 22), a "colaboração está relacionada com contribuição, sendo que cooperação é um trabalho de correalização, que além de atingir o significado de colaboração, envolve o trabalho coletivo visando alcançar um objetivo comum".

Para que haja cooperação, é necessário definir objetivos comuns, respeito mútuo entre os participantes, tolerância, ações constantes de negociação, saber conviver com diferenças e lidar com uma liderança mutante, navegante entre os membros do grupo, conforme as suas competências e habilidades.

Pode-se dizer que cooperar é agir em conjunto, enquanto colaborar é somar as ações realizadas para alcançar um objetivo em comum. As comunidades virtuais estimulam a cooperação, a participação, o desenvolvimento compartilhado. Elas negam a possibilidade de coerção. Estimulam a troca, respeitando sempre os valores preestabelecidos. Prevalecem a ação conjunta e as ações espontâneas. Nas comunidades virtuais, os desequilíbrios são vistos como oportunidades de construção de novos conhecimentos, com ganhos recíprocos.

O conceito de cooperação é mais complexo em comparação ao conceito de colaboração, mas ambos têm a interação em comum, pois requerem relações de respeito mútuo, não hierárquicas, tolerância e convivência com as diferenças, além de um processo de negociação constante. A diferença fundamental entre colaboração e cooperação é que, para haver colaboração, o indivíduo deve interagir com o outro, oferecendo e recebendo ajuda mútua ou unilateral.

Para perceber que uma comunidade virtual se estabeleceu, é necessário que seus participantes tenham interagido com reciprocidade, garantindo a cooperação entre seus membros. A colaboração serve como a "cola" que une a cooperação e a interação.

Figura 9.14 Representação simbólica das relações de uma comunidade virtual.

Atividades cooperativas necessitam da existência de interação, colaboração e desenvolvimento de operações em comum. A cooperação é resultado de ações sinérgicas, realizadas em comum ou em conjunto, que proporcionam resultados maiores que se somarmos as realizações das partes individuais.

As atitudes de cooperação pressupõem igualdade de direito e autonomia para seus participantes. A liderança é situacional e circula pelos membros conforme cada uma das ações desenvolvidas, o que promove o equilíbrio na participação de todos os membros.

Os membros de uma comunidade virtual que agem de forma cooperativa atuam em constante reciprocidade, apesar dos diferentes estilos e personalidades. As atitudes coletivas são valorizadas, sobrepondo-se ao individualismo. Para lidar com atitudes cooperativas, é necessário socialização dos participantes; caso contrário, lida-se com um relacionamento incompleto, o que pode gerar conflitos, além de pouca ou nenhuma construção.

De acordo com Piaget (1973), para que haja um equilíbrio cooperativo entre os membros de uma comunidade ou agrupamento, é preciso:

- **Escala comum de valores:** os membros têm valores em comum, os conceitos utilizados possuem significados afins. Apesar de as percepções serem diferentes, não se impede a troca de ideias, pois ocorre a correspondência entre as partes com base no respeito mútuo. As ações são reconhecidas, geram dívidas positivas, que podem ser recuperadas posteriormente. O equilíbrio é real, interior, não se limita a fachadas.

- **Flexibilidade:** as ações estão sempre em processo, precisam ser melhoradas. Os conceitos e as verdades são provisórios e estão em constante revisão. A circularidade aparece como desenho de todo o processo de uma comunidade.

- **Sistema de substituições dos possíveis:** a circularidade e a flexibilidade permitem o desenvolvimento de novas situações, em que os conceitos são revistos. Nesse caso, o que parece ser impossível torna-se possível.

- **Condutas altruístas:** as ações desenvolvidas, mesmo que individuais, têm efeitos benéficos para a coletividade.

- **Relações democráticas:** participação igualitária de todos os membros, compactuando com responsabilidades mútuas.

Com isso, observamos que os fatores determinantes do equilíbrio cooperativo incluem ações em comum, operações conjuntas, intencionalidades comuns, sinergia, trabalho coletivo, igualdade de direito, reciprocidade entre personalidades diferentes, respeito mútuo, valores comuns, reversibilidade, equilíbrio, flexibilidade e liderança situacional.

A seguir, nas Figuras 9.15 e 9.16, são apresentadas graficamente duas formas de reconhecer atitudes cooperativas:

Figura 9.15 Atitudes cooperativas de uma comunidade virtual modelo 1: colaborações individuais simultâneas para alcançar um objetivo.

Na representação da Figura 9.15, verifica-se que as ações foram realizadas simultaneamente pelos participantes do grupo para atingir o objetivo coletivo. Tal resultado ocorreu pela atitude cooperativa obtida pelo esforço individual colaborativo.

Na Figura 9.16, observa-se também a obtenção do resultado coletivo, alcançado a partir da colaboração individual, em momentos diferentes, mas correlacionados ao objetivo comum.

Figura 9.16 Atitudes cooperativas de uma comunidade virtual modelo 2: colaborações individuais em momentos diferentes para alcançar o objetivo comum.

9.7 BLOGS E REDES SOCIAIS COMO TWITTER, YOUTUBE, INSTAGRAM E FACEBOOK

Trataremos agora dos conceitos que definem uma rede social, com foco em blogs, além de YouTube, Instagram e Facebook, e como cada um deles pode ser utilizado para projetos educacionais.

- **Blogs:** podem conter textos pessoais ou textos jornalísticos. Sugere-se que os administradores publiquem diariamente conteúdo e interajam com seus leitores.

- **Redes sociais:** são ambientes virtuais utilizados mundialmente para promover interações a partir de seus recursos de comunicação, como postagem de textos para compartilhamento de ideias, publicação de fotos e vídeos, que geram debates e reflexões. Um dos principais objetivos é promover relacionamentos de uma forma dinâmica e rápida, sem os obstáculos geográficos e temporais.

  Dentro de uma rede social, pode-se ter uma comunidade virtual que interliga pessoas com interesses afins. É possível também fazer buscas para localizar pessoas, fazer contatos, divulgar projetos e publicar trabalhos. É bem provável que você já esteja em uma das redes sociais disponíveis. Atualmente, as redes com maior audiência são o Facebook e o LinkedIn. Conheça algumas delas a seguir.

  - **Twitter:** é considerado um microblog, pois permite o envio e o recebimento de mensagens com o máximo de 280 caracteres, chamadas de tweets. É possível interligar uma conta do Twitter a um blog, gerando um hipertexto. Muitas vezes, as pessoas utilizam o Twitter em seus celulares.

    Por meio do Twitter, os professores podem se conectar com os alunos para repassar orientações sobre os trabalhos escolares e agendas de atividades.

  - **YouTube:** é um ambiente virtual que permite a publicação de vídeos gratuitamente. Os vídeos podem ser excelentes recursos didáticos, pois tornam as aulas mais dinâmicas. Também pode ser uma forma diferenciada para apresentação de trabalhos. O professor pode solicitar ao aluno que o trabalho seja realizado em formato de vídeo, e não impresso, de forma tradicional.

  - **Instagram:** é um ambiente virtual que permite a publicação e o acesso gratuito a fotos e vídeos curtos.

  - **Facebook:** é uma das principais redes sociais da atualidade. O professor pode criar grupos fechados para debate com os alunos ou fan pages para divulgar trabalhos e gerar discussão.

Figura 9.17 Redes sociais que conectam pessoas do mundo todo.

Para utilizar o Twitter, o Instagram, o Facebook ou as demais redes sociais, é necessário que o usuário se cadastre para criar uma uma conta de acesso. Em seguida, é possível configurar suas preferênças, permitindo ou não o acesso de outras pessoas.

Todas essas ferramentas podem ser utilizadas em projetos educacionais com foco em pesquisa, publicação de trabalhos e interação entre membros do grupo.

9.8 AMBIENTES VIRTUAIS DE APRENDIZAGEM

Os Ambientes Virtuais de Aprendizagem (AVA) são espaços para realização de cursos on-line, ou mesmo ambientes virtuais de convergência para atividades acadêmicas de uma instituição de ensino.

Cada vez mais os AVA são utilizados como um espaço para a extensão de atividades pedagógicas em uma instituição de ensino. Já são muito utilizados no ensino superior, e nesses ambientes virtuais os docentes encontram materiais didáticos como as apostilas, exercícios e atividades em geral. Os alunos também podem postar suas atividades no AVA.

Quando um curso é realizado a distância, é necessária a utilização de um AVA para o desenvolvimento das atividades desse curso.

> Virtual é um termo oriundo do latim *virtus* e significa algo que não existe como realidade, mas como potência ou faculdade; algo possível, potencial, que pode ser realizado ou executado, referindo-se a certos complementos de sentido figurado. Atualmente, esse termo vem sendo utilizado para designar uma nova dimensão do real, com base em realidades simbolizadas pelas representações binárias. Localizam-se principalmente no ciberespaço, que é a esfera de um novo espaço que rompe com os antigos paradigmas analógicos.

CAPÍTULO 9 | A INTERNET E SEUS RECURSOS PARA USO EM PROJETOS EDUCACIONAIS · 173

Existem no mercado vários ambientes virtuais de aprendizagem. Um dos mais utilizados é o Moodle, que é gratuito e pode ser adaptado para cada realidade educacional.

9.9 NETIQUETA OU REGRAS DE ETIQUETA PARA A INTERNET

Apesar de não haver uma censura predefinida na internet, os internautas já desenvolveram uma série de regras ou etiqueta de convivência, visando padronizar e melhorar a comunicação. Essas regras são conhecidas como netiqueta.

A seguir, são apresentados alguns exemplos de regras virtuais:

- Evite digitar um texto com letras maiúsculas. Utilize-as apenas para os substantivos próprios e no início de parágrafos.
- Evite insultos que podem macular sua imagem diante dos demais participantes.
- Ao receber uma mensagem inoportuna e com insultos, não a responda.
- Escreva de forma direta e objetiva.
- Evite passar informações pessoais, como telefone e endereço. Nem sempre é possível saber quem é o usuário com quem se está fazendo contato.
- Evite informar seu nome verdadeiro. Prefira um apelido (chamado de *nickname*). É mais divertido e não há exposição.
- Fique atento ao se comunicar com pessoas de Portugal, pois alguns dos nossos termos distinguem-se dos deles. Veja alguns exemplos no Quadro 9.4.

Quadro 9.4 Significados dos termos em Portugal × Brasil

Portugal	Brasil
Écran	Tela
Rato	Mouse
Ficheiro	Arquivo
Utilizador	Usuário

Quer sorrir, chorar e beijar na internet? Utilize os emoticons. São ícones que representam emoções, ações e características físicas. Eles são muito úteis em comunicações escritas na internet. Por meio deles, podemos emitir mensagens mais atrativas e emotivas.

Quadro 9.5 Exemplos de emoticons

Emoções		Características		Personalidades	
:-)	Sorrindo	*-)	Usando óculos	O:-)	Anjo
;-)	Piscando	B-)	Usando óculos de sol	*<|:-)	Papai Noel
|-)	Com sono	:-Q	Fumante	+-:-)	Papa
[ ]'s	Abraços	}:-)	Cabelo arrepiado	*:o)	Palhaço
:'-(	Chorando	:-&	Língua presa	(:-I	Nerd
:-*	Mandando beijo	:-)}	Homem com barba	P-)	Pirata
:-(	Triste	C=:-)	Mestre cuca	[:|]	Robô
:-O	Cara de surpresa	:-#	Aparelho nos dentes	(8-o	Bill Gates
:-D	Rindo	(-:	Usuário canhoto	=):-)~	Tio Sam

Para interpretar os símbolos do Quadro 9.5, veja um diálogo com emoticons:

- Olá, Ana! ;-) – disse João.
- Oi, João :-) – disse Ana.
- Ana, estou com problemas nas minhas notas em História. Acho que não fiz uma boa prova ontem. :-(
- João, não se preocupe, pois a professora me falou que você tirou 9. Você vai ganhar seu presente de Natal. *<|:-)

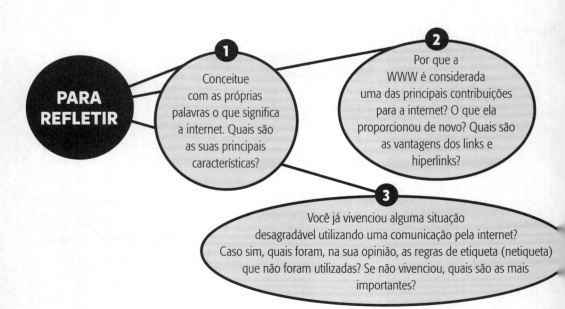

CAPÍTULO 10

USO DA INTERNET EM PROJETOS EDUCACIONAIS E SOCIAIS

OBJETIVOS

- Ensinar como realizar pesquisas na internet, seja para finalidades educacionais ou não; o leitor aprenderá como realizar atividades com segurança na rede.
- Propor avaliação de sites educacionais.
- Realizar projetos com o uso dos recursos da internet.
- Ensinar a usar corretamente a Língua Portuguesa no ambiente on-line e refletir sobre algumas questões a respeito da alfabetização.
- Criar projetos e atividades diferenciadas com o uso da internet.
- Conhecer quais projetos podem ser desenvolvidos on-line e suas principais fases.
- Refletir sobre as vantagens e os obstáculos para realizar esses projetos.

10.1 O USO DA INTERNET PARA REALIZAÇÃO DE PESQUISAS

A WWW é considerada uma biblioteca universal, por reunir o maior acervo de informações do mundo e estar disponível 24 horas por dia em quase todos os países. É possível localizar informações sobre os mais variados assuntos, a partir dos mais diversos pontos de vista. Quando demandam pesquisas para seus alunos, os professores costumam levar algumas questões em consideração: como meus alunos podem fazer pesquisas em sites confiáveis? Como avaliar quais informações devem ser utilizadas ou não nos trabalhos?

A principal questão é saber tratar e analisar as informações reunidas, descartando as possíveis distorções. A Era Digital é caracterizada por uma inundação de informações e, por isso, precisamos aprender a criar estratégias para conviver com tal realidade. Saber selecionar as informações é fundamental nesse contexto.

A internet pode ser comparada a uma banca de revistas. Por exemplo: o que acontece quando damos algum dinheiro para nossos filhos comprarem uma revista? Crianças e adolescentes precisam de orientação e educação corretas para comprar conteúdo próprio e educativo para cada idade. É necessário acompanhar os filhos e alunos para encaminhá-los adequadamente, pois informações impróprias sempre existirão. Como a internet proporciona amplo acesso às informações em geral, é fundamental a participação dos pais e educadores na vida de filhos e alunos.

Propor pesquisas na internet não significa excluir as mídias impressas ou audiovisuais das aulas. Livros, revistas, jornais, vídeos, televisão, rádio e artigos científicos também devem ser usados como fontes de pesquisa. Cada um desses meios tem uma função na busca de novas informações e referências bibliográficas. O que se pretende com a internet é ampliar e estimular as possibilidades de trabalho.

Apresentamos a seguir alguns sites desenvolvidos para facilitar e estimular a pesquisa e as atividades educacionais. Nesses sites são publicados conteúdos selecionados por profissionais habilitados, capazes de criar material com credibilidade.

Quadro 10.1 Alguns endereços para pesquisas educacionais

Sites para pesquisa escolar	
Biblioteca Virtual de Literatura	www.biblio.com.br
Biblioteca Virtual de São Paulo	www.bibliotecavirtual.sp.gov.br
Brasil Escola	www.brasilescola.com/canais/
Bússola Escolar	www.bussolaescolar.com.br
Fundação Bradesco	https://fundacao.bradesco/
Info Escola	www.infoescola.com/
Portal Aprende Brasil	http://aprendebrasil.com.br

Na internet, existem sites desenvolvidos especialmente para facilitar a ampla pesquisa dos usuários, como Google, Yahoo e Bing. Mas você sabe como esses sites funcionam? Imagine que você foi a uma biblioteca para fazer uma pesquisa. Chegando lá, perguntou para a bibliotecária onde encontrar informações sobre o relevo brasileiro. Ela indica, então, vários livros e enciclopédias, como Almanaque Abril, Barsa, Delta Larousse, entre outros. O que você vai fazer? Consultar os livros e verificar qual deles contém as informações mais adequadas à sua necessidade.

Da mesma forma, são feitas as pesquisas na internet. No campo de busca, você digita o tema que deseja procurar e, como uma enciclopédia, as informações são disponibilizadas por ordem de importância.

10.1.1 Como agilizar as pesquisas na internet

Para que a pesquisa de determinado assunto seja bem-sucedida, é importante que o usuário saiba direcionar corretamente a sua solicitação. Veja sugestões para realizar pesquisas na internet que tragam melhores resultados:

- É necessário que você identifique a palavra-chave que vai buscar. Por exemplo: se estiver pesquisando sobre bacalhau, deve digitar como palavra-chave o nome "peixes", "bacalhau" ou "bacalhau da Noruega". Se você informar a palavra "animais do mar", vão aparecer inúmeros sites que não necessariamente se relacionam com o assunto pesquisado. Como a expressão "animais do mar" é muito ampla, é bastante provável que você perca um bom tempo tentando localizar sites do seu interesse específico.

- Utilize aspas para restringir sua pesquisa. Por exemplo, se você deseja pesquisar sobre o Delta do Parnaíba: "Delta do Parnaíba", entre aspas. Se você não digitar entre aspas, o índice de pesquisa vai localizar vários sites sobre deltas, outros sobre Parnaíba e outros sobre o Delta do Parnaíba. Sendo assim, você perde tempo lendo os sites que resultaram da busca, até encontrar o mais adequado para a sua pesquisa.

- Outra forma de restringir a pesquisa é utilizar o ponto e vírgula entre as palavras. Por exemplo, ao digitar "Delta do Parnaíba", você poderia utilizar Delta; Parnaíba. O índice de pesquisa localizará sites que associem simultaneamente as palavras Delta e Parnaíba.

- Para os sites de busca não é necessário digitar acentos, cedilhas ou letras maiúsculas. Esses sites não fazem esses tipos de distinções.

- Ao digitar um texto ou uma palavra na pesquisa, o fato de digitá-la no plural pode ampliar as possibilidades de resultado. Por exemplo: se você digitar "hotéis em Fortaleza" em vez de "hotel em Fortaleza", pode localizar mais informações relevantes.

Aproveite e valide todas as dicas sugeridas e veja os resultados que você pode encontrar.

10.1.2 Como desenvolver atividades de pesquisa na internet

Para desenvolver uma atividade educacional de pesquisa na internet, podemos optar por três modalidades:

- **Pesquisa livre:** quando o educador leva a turma para o laboratório de informática para pesquisar de forma livre, sem um conteúdo. Nesse caso, ele deseja observar se sua turma tem ou não habilidades para pesquisar na internet.

  Nessa modalidade, o educador não realiza direcionamentos. Ele simplesmente solicita aos alunos que pesquisem assuntos do próprio interesse, evitando intervir nos conteúdos. O objetivo dessa proposta é estimular a autonomia e a curiosidade.

- **Pesquisa direcionada pelo conteúdo:** ocorre quando o educador solicita aos alunos que realizem uma pesquisa sobre determinado assunto, sem definir ou sugerir os sites de busca. Cabe a cada aluno localizar sites específicos e fazer uma análise inicial, para constatar se o conteúdo encontrado é confiável e adequado ou não.

  Para a realização dessa pesquisa, é necessário que o educador tenha tempo disponível, pois cada aluno localizará sites diferentes. Logo em seguida, será realizado esse trabalho de avaliação de conteúdo.

  Para ser bem-sucedido nesse tipo de pesquisa, é necessário haver uma conexão de qualidade com a internet; caso contrário, a lentidão para navegar nos sites será um grande fator de desmotivação para os alunos e educadores, fazendo que os alunos desistam da pesquisa antes de terminá-la.

CAPÍTULO 10 | USO DA INTERNET EM PROJETOS EDUCACIONAIS E SOCIAIS **179**

- **Pesquisa direcionada pelo conteúdo e site:** ocorre quando o educador solicita aos alunos que realizem uma pesquisa sobre um conteúdo pré-selecionado em sites específicos, já analisados por ele anteriormente.

Esse tipo de pesquisa é mais tradicional, ou seja, o professor indica onde localizar a informação confiável. Essa modalidade pode ser indicada quando o professor não tem tempo hábil para permitir que o aluno faça a pesquisa por conta própria.

10.1.3 Sistemas de segurança na internet

Uma das questões que mais preocupa os pais e os educadores na utilização da internet é a facilidade de acesso a conteúdos impróprios, como sexo, racismo e violência. Para que os pais e educadores possam se sentir mais seguros, é possível instalar nos computadores programas que bloqueiam o acesso a informações inadequadas.

O bloqueio de sites também pode ser realizado a partir do pré-cadastramento dos endereços dos sites ou mesmo de palavras-chave no próprio navegador. Também é possível acompanhar os sites pesquisados observando o histórico de buscas no próprio navegador.

10.2 AVALIAÇÃO DE SITES, INCLUINDO OS EDUCACIONAIS

Considerando que a WWW é um ambiente importante para pesquisas educacionais, cada vez mais utilizado para busca de conteúdo, é importante saber avaliar os sites que têm essa finalidade. Sendo assim, é necessário verificar alguns itens:

- **Nome do site:** nem sempre o endereço do link corresponde ao site pesquisado. Por exemplo, o site da Escola do Futuro é <www.futuro.usp.br>, enquanto o site da Universidade de Taubaté (Unitau) é <www.unitau.br>. O primeiro endereço não corresponde exatamente ao nome da escola, já o segundo corresponde à sua totalidade. É importante que isso seja verificado para validar se o local de pesquisa é exatamente o pretendido.

- **Autoria do site:** diz respeito a quem são as pessoas ou empresas que estão relacionadas com o desenvolvimento do site. Veja se têm credibilidade.

- **Data da publicação ou alteração da página que está sendo pesquisada:** essa informação vai ajudá-lo a descobrir quando a informação foi publicada, se ela ainda é atual ou não. Por exemplo, se um site traz uma seção especial sobre um evento importante que está ocorrendo, é provável que o conteúdo seja atualizado diariamente.

- **Objetivo do site:** os itens "apresentação", "quem somos", "nossos objetivos" ou itens relacionados devem trazer informações concretas sobre o site em questão. É importante fazer esse tipo de leitura para identificar quem publica as informações, qual é o conteúdo e, assim, certificar-se de que ele atende às suas necessidades.

- **Conteúdo do site:** verificar se o site pesquisado traz ou não as informações necessárias para a pesquisa. Navegue pelo site e identifique os conteúdos abordados nele. Isso é importante para pesquisas futuras.

- **Público-alvo:** observar para quem foi desenvolvido o site, ou seja, para quem se direciona o conteúdo publicado, a linguagem utilizada e, assim, verificar se ele é indicado ou não para o seu objetivo.

- **Recursos de comunicação do site:** se for um site de pesquisa educacional, observe se existem e-mails para contatos, salas de bate-papo, fóruns ou listas de discussão. Esses recursos permitem interação com os desenvolvedores do site e conteudistas. É bem provável que o site também tenha perfis nas redes sociais. Se for do seu interesse, acompanhe também o conteúdo postado nas redes sociais.

- **Recursos de pesquisa do site:** a maior parte dos sites educacionas trazem informações separadas por áreas de conhecimento, como disciplinas escolares. Isso facilita muito a busca de informações.

> Você sabia que portal é um site que reúnem em um mesmo link conteúdos em geral exclusivos e indica acesso a sites de conteúdos relacionados? Um site caracteriza-se como portal pela sua dinamicidade, pelo volume de conteúdos produzidos e pelas possibilidades de interações com os usuários.

- **Outros serviços oferecidos:** alguns sites educacionais oferecem vários outros serviços, além das opções de pesquisa escolar. Podem oferecer indicações de softwares educacionais, planos de aula, sites relacionados, orientações sobre projetos educacionais, cursos a distância, concursos, jogos, cartões virtuais, entre outros.

Veja o exemplo (Quadro 10.2) de uma análise do portal educacional do *Nova Escola* (ela pode variar conforme as alterações ocorridas no site, porém, a lógica da análise apresentada a seguir pode ser aproveitada como exemplo).

Quadro 10.2 Exemplo de análise de um portal educacional

Tópicos de análise	Observações
Nome	Revista Nova Escola <https://novaescola.org.br>
Autoria	Associação Nova Escola
Data de publicação ou atualização	Nas páginas desse portal, estão identificadas as datas de publicação ou atualizações. O site apresenta, ainda, as informações de *copyrights* (Associação Nova Escola © 2018 – Todos os direitos reservados).
Objetivos	O objetivo do portal educacional Nova Escola é fornecer conteúdo relacionado a Educação Infantil, Ensino Fundamental 1 e 2, Ensino Médio e gestão escolar. O público-alvo são professores e demais profissionais da área de educação. Ele fornece material sobre planos de aula, dicas de atividades práticas para sala de aula, indicações de livros, softwares, entrevistas com especialistas etc.
Conteúdo	Material de apoio educacional para professores e educadores em geral
Público-alvo	Professores e educadores em geral
Recursos de comunicação	Além do portal, perfis em redes sociais, como Facebook e Twitter, e e-mail, conforme disponível na página do portal.
Recursos de pesquisa	Na parte inferior da página principal da Nova Escola, existe o link *Etapas e disciplinas que existem*. As informações estão organizadas por disciplina escolar, além de agrupamento por outras temáticas. Como os conteúdos e a organização dos sites estão sempre em mudança, pode ser que esse conteúdo esteja posicionado em outro local na página.
Serviços oferecidos	A Nova Escola também fornece acesso a planos de aula, blogs, vídeos, fotos, testes e agendas. Entretanto, as revistas costumam criar um acesso apenas para os assinantes. Como se trata de um portal, é indicado que cada um dos sites oferecidos nesse ambiente seja analisado isoladamente.

10.2.1 Elaboração de projetos educacionais via recursos de comunicação: e-mail, listas de discussão e fóruns

Para elaborar e colocar em prática um projeto de educação que utiliza recursos de comunicação disponíveis na internet, considere algumas questões:

- **Definição da equipe de educadores para coordenar o projeto:** é necessário ter na equipe pelo menos um educador habilitado para trabalhar com internet, pois este terá maior autonomia para coordenar o projeto e ajudar os demais que tenham interesse em participar.

- **Definição de um tema para as discussões:** o tema deve ser de interesse geral, ou seja, deve contemplar várias áreas do conhecimento. Dessa forma, será mais fácil localizar professores de diferentes áreas que se predisponham a participar do projeto.

182 INFORMÁTICA NA EDUCAÇÃO

- **Elaboração do projeto:** os objetivos, o público-alvo, as etapas de desenvolvimento, as estratégias e a forma de avaliação do projeto devem ser estabelecidos no começo.
- **Disponibilização de e-mails ou acesso à internet para todos os participantes:** se o projeto for desenvolvido por e-mail, os participantes devem receber uma conta de e-mail específica e acompanhar sempre as mensagens. Caso o projeto seja desenvolvido em um fórum on-line, é necessário que todos tenha acesso à internet. Caso os participantes não tenham acesso à internet em casa, devem acessá-la na escola ou em outros locais apropriados. O acesso à internet é condição básica para o desenvolvimento de projetos virtuais.
- **Divulgação do projeto:** pode ocorrer a partir do envio de e-mails para todos os convidados ou publicação de páginas com as orientações sobre o projeto. Se necessário, recorra à divulgação por mídias impressas (folhetins, jornais internos, entre outros) e às redes sociais disponíveis.

Antes de iniciar as atividades do projeto, as normas de convivência devem ser definidas. Os participantes devem se apresentar.

Para dar um exemplo prático de projeto educacional desenvolvido com o apoio da internet, podemos fazer a seguinte simulação:

- A Escola Imaginação resolveu lançar o Projeto Eleição.
- A educadora Lia Gomes e o educador Marcel Pinheiro são os responsáveis pela coordenação do projeto.
- Na reunião de planejamento da escola, os educadores apresentaram a ideia do projeto, cujo objetivo é desenvolver nas crianças análise crítica sobre as eleições. Na reunião, os responsáveis anotaram os e-mails dos professores que desejam participar. Para quem desejava participar, mas não tinha conta de e-mail, fizeram um cadastro no Gmail, do Google.
- Os professores Marcel e Lia definiram as questões seriam discutidas, como:
    - **1ª semana:** quais são as funções do presidente da República, dos governadores, dos deputados estaduais e federais e dos senadores?
    - **2ª semana:** quais propostas de trabalho esses políticos deveriam concretizar nos próximos anos?
    - **3ª semana:** como vocês avaliam os atuais políticos brasileiros?
    - **4ª semana:** discussões propostas pelos próprios alunos.
    - **5ª semana:** elaboração coletiva do relatório final do projeto.
- Após o levantamento de questões para discussão, os educadores as divulgaram para os participanetes por e-mail, na lista de discussão criada e no fórum, para que todos

pudessem opinar e/ou redirecionar a proposta do projeto. Os participantes também divulgaram as ideias do projeto em sala de aula, e convidaram os alunos a participar.

- Em seguida, os envolvidos colocaram em prática o passo a passo planejado e adaptou-o às ideias e aos tópicos de discussões propostos pelos alunos e educadores.
- Ao final, os educadores Marcel e Lia reuniram todas as informaçãoes trocadas e elaboraram o relatório com as considerações dos alunos e demais educadores.

Quando o relatório estiver completo, é interessante promover um encontro presencial com todos os participantes, para que todos possam fazer uma avaliação da experiência. E o próximo passo? Agora, é só repetir o processo proposto e aprimorá-lo, incluindo navegação na internet para pesquisa) e criação de site para expor o trabalho de cada aluno (publicação na web).

10.2.2 Considerações sobre o uso das ferramentas de comunicações em projetos educacionais

Quando iniciamos atividades on-line de comunicação em ambientes educacionais, costuma-se pensar quais serão as escolas parceiras ou demais parceiros que participarão da troca de mensagens. Além disso, para o trabalho com os alunos, avalia-se o ambiente escolhido para a comunicação, se serão salas de bate-papo virtual ou listas de discussão.

Para que a comunicação proposta em um projeto educacional ocorra de forma eficaz, devem ser verificadas as seguintes situações:

- Apesar de as salas virtuais para bate-papo serem um espaço para comunicação rápido e bastante motivador, costuma ser difícil utilizá-las quando há outras escolas envolvidas. Isto é, nem todas as escolas podem estar no laboratório de informática para esse encontro nos mesmos dia e horário, o que prejudica a proposta do trabalho. Uma alternativa é privilegiar a utilização das comunicações assíncronas.
- Como nem todas as escolas decidem participar do projeto ao mesmo tempo, e essa escolha pode ser demorada, isso pode ser desmotivador. É importante lembrar que o nível tecnológico entre as escolas é diferente. Enquanto algumas instituições estão mais avançadas quanto à utilização do computador e quanto ao acesso à internet, outras estão iniciando seus processos de "alfabetização tecnológica" entre os educadores.
- O tempo de adesão também está relacionado aos objetivos específicos de cada escola que deseja participar do projeto, o que, muitas vezes, também torna difícil a compatibilização desses interesses.

184 INFORMÁTICA NA EDUCAÇÃO

- Para as escolas que pertencem a uma rede, realizar projetos via internet torna-se mais fácil, pois, como fazem parte da mesma filosofia pedagógica, terão mais facilidade em localizar outras escolas com interesses semelhantes. É o caso de escolas públicas: muitas vezes, uma gestão municipal cria projetos para a rede de ensino envolvendo todas as escolas ao mesmo tempo.

- As escolas que não fazem parte de uma rede podem localizar em seus sindicatos ou associações escolas parceiras para realizar os trabalhos on-line. O mesmo se aplica a outras instituições que desejam participar ou realizar projetos via internet.

- Outra forma de divulgar os projetos virtuais é com a publicação de sites com conteúdo relativo ao projeto desejado. Em seguida, devem-se buscar na internet sites de outras escolas e fazer o convite virtual para que participem. Buscar parcerias nas redes sociais também é uma ótima alternativa.

- Os e-mails, as listas de discussão e os fóruns têm sido os recursos de comunicação mais utilizados para o desenvolvimento de projetos via internet. Dessa forma, não é necessário que as escolas estejam conectadas em um momento simultâneo para participar do projeto.

- Um bom começo para promover a comunicação virtual é iniciar atividades simples entre os próprios alunos e educadores. Se você consegue trocar e-mails ou realizar comunicação virtual com seus alunos e professores, já pode considerar essa uma excelente experiência.

10.3 O QUE DEVE PREVALECER NA COMUNICAÇÃO: O CONTEÚDO OU AS REGRAS DA LÍNGUA PORTUGUESA?

A internet tem a própria linguagem, com palavras novas e símbolos especiais para representar as emoções (emoticons), facilitando a comunicação. Tem proporcionado a criação de uma série de signos para o processo de comunicação. Nesse novo cenário, quando houver comunicação virtual entre diversas partes, o que deve prevalecer: o conteúdo das mensagens ou as regras da Língua Portuguesa?

Acompanhe o exemplo a seguir, em que houve um encontro em uma sala de bate-papo virtual, e observe uma série de trechos, para que seja possível visualizar essa nova forma de comunicação e escrita utilizada pelos internautas:

- Alguém quer tc? (significa: alguém quer teclar?).
- De onde você tc? (significa: de onde você tecla?).
- Kd vc? (significa: cadê você?).
- Muito kietinho para meu gosto (significa: quietinho).

CAPÍTULO 10 | USO DA INTERNET EM PROJETOS EDUCACIONAIS E SOCIAIS **185**

- brigadim! (significa: obrigado).
- Tbem (significa: também).
- smacksssssssssssssssss (significa: beijos).
- Eu naum! (significa: eu não).
- Inda bem ne (significa: ainda bem, não é?).
- ki ki tá pegando (significa: o que está "pegando"?).
- rssssssss (significa que a pessoa está sorrindo).
- Oi miga!!!!!!!!!!! Td blz? (significa: oi amiga, tudo beleza?).

Tais trechos parecem uma nova língua, e talvez possamos denominá-la portunet. O que você acha? Essa é uma questão conceitual, mas preocupante, pois pode se tornar um hábito na escrita dos alunos e adultos de uma forma geral.

Quanto à forma de utilização da Língua Portuguesa em ambientes ou projetos educacionais, cada equipe de educadores que coordena os projetos deve definir as regras de convivência, incluindo se será aceito ou não utilizar as formas de escrever informais da internet ou se prevalece a escrita formal. É preciso considerar que, muitas vezes, as pessoas deixam de participar de projetos por vergonha de escrever de forma errada. Aceitar uma forma mais ampla de escrever pode ser considerado positivo para incentivar as pessoas, mas pode gerar constrangimentos. Essa é uma escolha e definição que deve ser realizada conforme a realidade de cada escola, pois, enquanto alguns linguísticos aceitam de forma mais flexível as mudanças na linguagem, outros já são contrários a essas adaptações utilizadas usualmente.

Em algumas atividades educacionais via e-mail, os educadores podem definir que o mais importante é a transmissão das mensagens, pois, no decorrer do trabalho, realizarão o trabalho de corrigir com os alunos palavras, concordâncias e outras regras relativas à norma culta da Língua Portuguesa.

> Tendo em vista que as pessoas conectadas de forma geral utilizam o linguajar portunet, não é indicado utilizar esse ambiente para o desenvolvimento do processo de alfabetização. Entretanto, não podemos deixar de considerar que, na internet, prevalece o processo de comunicação escrita, o que estimula muito a capacidade de escrever. A questão não é como alfabetizar com apoio da internet, mas mostrar aos alunos o que está correto e o que está incorreto.
>
> Talvez uma das alternativas seja a construção de um processo de alfabetização em ambientes virtuais fechados, ou seja, somente podem participar dos projetos as pessoas que estiverem diretamente envolvidas. Nesses espaços, as pessoas estão conscientes das normas de convivência e podem definir com antecedência os sites que devem ser utilizados para pesquisa, até que o processo de alfabetização esteja em parte desenvolvido e estabelecido.

10.4 DESENVOLVIMENTO DE ATIVIDADES EDUCACIONAIS DIFERENCIADAS COM O USO DA INTERNET

Se você tem acesso à internet, então, utilize todos os recursos disponíveis para inovar no processo de ensino-aprendizagem. Fazer um projeto educacional on-line vai além dos recursos de comunicação já mencionados nos tópicos anteriores. Que tal se aprofundar? Veja algumas ideias de como realizar um projeto diferenciado utilizando todos os recursos da internet:

10.4.1 Modelo 1 – Projeto educacional com pesquisa, publicação e comunicação

- Escolha um tema para pesquisa e convide os outros educadores para participar.
- Cada educador deve desenvolver uma atividade baseada no seu conteúdo disciplinar e que aborde o tema escolhido.
- Repasse a pesquisa para os alunos e solicite que cada grupo escolha a disciplina preferida.
- Baseados nessa atividade, os alunos devem pesquisar o conteúdo do assunto pre definido em diferentes referências bibliográficas, inclusive na internet.
- Como resultado da pesquisa, os alunos devem elaborar um relatório sobre o assun to pesquisado e, em seguida, transformar esse relatório em um site.
- A partir de todos os sites produzidos pelas diferentes equipes, elabore um único site para a apresentação total da pesquisa multidisciplinar.
- Por fim, publique-os nas redes sociais ou nos blogs criados.
- Durante o desenvolvimento das atividades do projeto, procure promover trocas de e-mails e agendamento de bate-papos entre os alunos da sua escola.

Essa é uma forma de utilizar a internet como ferramenta de pesquisa, publicação de trabalho e interação.

10.4.2 Modelo 2 – Matriz de atividades pedagógicas via internet

Veja, no Quadro 10.3, uma proposta estruturada para a elaboração e construção de um projeto temático utilizando vários recursos da internet como ferramenta pedagógica.

CAPÍTULO 10 | USO DA INTERNET EM PROJETOS EDUCACIONAIS E SOCIAIS **187**

Quadro 10.3 Matriz de atividades pedagógicas via internet

Matriz de atividades pedagógicas com uso da internet (recurso: WWW)		
Conteúdo curricular	**Atividades com os recursos da internet**	
	Pesquisa livre	**Pesquisa direcionada**
Atividade disciplinar ou projeto relacionado a um assunto com foco disciplinar ou multidisciplinar.	Sem indicação de site ou de um assunto específico. Realizada a partir dos serviços de pesquisas disponíveis na internet.	Com indicação de site ou de um assunto específico para a pesquisa, o professor dá a sua orientação.

Recursos: comunicação assíncrona – lista de discussão/e-mail/fórum				
Conteúdo curricular	**Atividades com os recursos da internet**			
	Troca de mensagens	**Construção coletiva de texto**	**Seminário**	**Debate**
Atividade disciplinar ou projeto relacionado a um assunto com foco disciplinar ou multidisciplinar.	A partir de um tema ou problema é iniciada uma discussão via e-mail, lista de discussão ou fórum.	O texto pode ser iniciado por um aluno e finalizado por outro aluno a partir dos recursos de comunicação assíncrona.	O aluno deve elaborar um relatório sobre determinado assunto e enviar para a lista de discussão, visando gerar um debate.	A partir de determinado assunto, podem-se promover debates argumentativos com análise de prós e contras.

Recursos: Comunicação síncrona – chat, Skype ou outro comunicador síncrono			
Conteúdo curricular	**Atividades com os recursos da internet**		
	Debates sobre assuntos específicos	**Bate-papo livre**	**Bate-papo com convidados**
Atividade disciplinar ou projeto relacionado a um assunto com foco disciplinar ou multidisciplinar.	A partir de um tema ou problema, é iniciada uma discussão em uma sala de bate-papo. Essa discussão pode ser gravada para ser ouvida novamente.	O intuito é promover uma socialização virtual, desenvolver a escrita e a interação entre os membros de um grupo.	A partir de um tema ou problema, é iniciada uma entrevista ou mesmo uma discussão com algum profissional convidado.

Recurso: softwares para produção de sites ou blogs				
	Atividades com os recursos da internet			
Conteúdo curricular	Produção de sites	Produção de sites	Produção de desenhos	Publicação de sites
Projeto ou atividade disciplinar relacionada a um assunto com foco disciplinar ou multidisciplinar.	Produzir home pages ou blogs sobre os próprios alunos – autobiografia.	Produzir sites ou blogs a partir de pesquisas realizadas pelos alunos sobre os projetos educacionais ou conteúdos disciplinares.	Produzir sites ou blogs com desenhos elaborados pelos próprios alunos para publicação na internet.	Publicação dos sites ou blogs em serviços de hospedagem gratuitos ou pagos.

10.4.3 Modelo 3 – Matriz de atividades multidisciplinares via internet

Veja, Quadro 10.4, um outro modelo de esquema para a utilização da proposta apresentada anteriormente. Preencha as lacunas com as atividades que cada disciplina deve contemplar, bem como a estratégia a ser utilizada, tendo como referência os recursos da internet já vistos. Dessa forma, é possível desenvolver um projeto educacional envolvendo várias áreas de ensino.

Quadro 10.4 Matriz de atividades multidisciplinares via internet

Matriz de atividades multidisciplinares							
Aspectos que as atividades devem contemplar para atender ao projeto	Português	Matemática	Geografia	História	Inglês	Ciências	Artes
Aspectos comunicacionais (meios de comunicação e literatura)	Cite o recurso tecnológico a ser utilizado conforme a atividade a ser realizada	Cite o recurso tecnológico a ser utilizado conforme a atividade a ser realizada	Cite o recurso tecnológico a ser utilizado conforme a atividade a ser realizada	Cite o recurso tecnológico a ser utilizado conforme a atividade a ser realizada	Cite o recurso tecnológico a ser utilizado conforme a atividade a ser realizada	Cite o recurso tecnológico a ser utilizado conforme a atividade a ser realizada	Cite o recurso tecnológico a ser utilizado conforme a atividade a ser realizada
Artes							
Aspectos sociolinguísticos (biografias)							
Biológicas (saúde, fauna e flora)							
Aspectos sociais (economia e política)							
Folclore histórico (turismo)							
Aspectos estruturais e físicos							
Estatísticas							
Fuso horário							
Outros							

O Quadro 10.4 tem por objetivo prever o que deve ser realizado como atividade em cada projeto, verificar quais as disciplinas que desenvolverão atividades e, posteriormente, citar os recursos tecnológicos para a realização das atividades previstas em cada disciplina.

10.5 OUTROS FATORES DE SUCESSO PARA O DESENVOLVIMENTO DE UM PROJETO EDUCACIONAL COM O USO DA INTERNET

Além das questões já apresentadas, seguem outras observações importantes para o desenvolvimento de um projeto educacional via internet:

- Definição dos educadores que participarão das atividades iniciais do projeto. É interessante que, em um primeiro momento, não sejam selecionados muitos educadores, visto que, por ser uma nova técnica (entende-se técnica no sentido amplo, além da ferramenta em si) a ser utilizada, existe um período de adequação ao uso das ferramentas disponíveis. Os educadores que participarão inicialmente podem assumir, futuro, o papel de multiplicadores dessa aprendizagem.

- Os educadores selecionados devem ser capacitados para utilizar os serviços básicos da internet (WWW, chat, lista de discussão, e-mail, FTP, redes sociais, entre outros disponíveis). Posteriormente, é importante que alguns educadores das escolas possam também desenvolver as próprias páginas para publicação dos trabalhos elaborados.

- Definição do tema-base a ser pesquisado e desenvolvido. Qual será o assunto a ser abordado no trabalho? Esse também é um tópico essencial em qualquer das modalidades de projetos educacionais.

- Detalhamento de todas as atividades a serem elaboradas a partir do tema escolhido. Essas atividades devem ser repassadas para os alunos por períodos previamente definidos. Por exemplo, determinar se as atividades devem ser cumpridas semanalmente, quinzenalmente ou mensalmente.

- Elaboração de um site, blog ou um perfil em rede social para integrar as atividades do projeto. Esse site deve conter nome e logomarca do projeto, apresentação do projeto, objetivos, metodologia escolhida, público-alvo, tempo de duração, critérios de avaliação, equipe de desenvolvimento, apresentação da(s) escola(s) e/ou dos alunos participantes, agenda com as atividades desenvolvidas, local para troca de mensagens (lista de discussão, e-mail, comunicadores em geral e chat) e local para exposição dos trabalhos finais. Caso a escola queira, é possível personalizar ainda mais o site. Tudo depende da equipe de profissionais responsáveis pelo desenvolvimento. A publicação dos materiais em um site é o modo de materializar o projeto, permitindo visualizar de forma mais concreta as atividades que estão sendo elaboradas.

- A partir das atividades citadas, o importante é o acompanhamento das atividades enviadas pelos integrantes do projeto, seja por lista de discussão, e-mails ou pelo próprio site do projeto (recurso de formulário on-line – o aluno preenche as informações solicitadas e automaticamente sua pesquisa é enviada e publicada no site do projeto).
- Por fim, é fundamental sempre avaliar os resultados obtidos. Todas as atividades foram cumpridas? Quais foram os problemas que surgiram durante o desenvolvimento das atividades? Os alunos e professores mantiveram-se motivados durante todo o projeto? Os alunos enviaram as atividades em tempo hábil? Qual foi o serviço de comunicação mais utilizado?

A avaliação não deve ocorrer apenas no final, mas durante todo o desenvolvimento do projeto, visto que não adianta corrigir erros quando não é mais possível reparar os prejuízos causados.

Por fim, para facilitar a visualização das atividades que podemos realizar na internet para fins educacionais, além de oferecer considerações a esse respeito, apresentamos um resumo no Quadro 10.5.

Quadro 10.5 Resumo dos recursos da internet × atividades educacionais

Recursos	Sugestões de Atividades	Estratégias
WWW	Pesquisa livre	Sem indicação de site ou de um assunto específico Realizada a partir de sites de busca (Google, Yahoo, Bing)
WWW	Pesquisa direcionada	Com indicação de sites ou assuntos específicos para a pesquisa
Correio eletrônico, lista de discussão, fórum	Troca de mensagens	A partir de um tema ou problema, estimula-se uma discussão
Correio eletrônico, lista de discussão, fórum	Construção coletiva de texto	O texto é iniciado por um aluno e finalizado por outros alunos

Recursos	Sugestões de Atividades	Estratégias
Correio eletrônico, lista de discussão, fórum	Seminário	O aluno deve elaborar um relatório, texto sobre determinado assunto e enviar para a lista de discussão, visando gerar um debate
Correio eletrônico, lista de discussão, fórum	Debate	Promover debates argumentativos com análise de prós e contras sobre determinado assunto
Correio eletrônico, lista de discussão, fórum	Debate sobre assuntos específicos	A partir de um tema ou problema, é iniciada uma discussão. A discussão pode ser gravada para ser ouvida mais tarde
Sala de bate-papo	Bate-papo livre	O intuito é promover uma socialização virtual a partir da escrita
Sala de bate-papo	Bate-papo com convidados	A partir de um tema ou problema, é iniciada uma entrevista ou mesmo uma discussão com algum profissional convidado
Jogos on-line	Diversão	Localizar sites na internet que permitam utilizações de jogos on-line
FTP	Localização de softwares	Com base no tema em estudo, os alunos devem localizar softwares sobre os assuntos em questão
Software para produção de sites	Produção de sites	Produzir sites sobre os próprios alunos – autobiografia
Software para produção de sites	Produção de sites	Produzir sites a partir de pesquisas realizadas pelos alunos sobre os projetos ou conteúdos educacionais
Software para produção de sites	Produção de desenhos	Produzir sites com desenhos elaborados pelas próprias crianças
	Publicação	Publicação dos sites em serviços de hospedagem gratuitos ou pagos. Uso de blogs e redes sociais
Software de videoconferência	Videoconferência	Promover debates em tempo real
Software de videoconferência	Videoconferência	Promover tutoriais ou aulas em tempo real
Redes Sociais (Facebook, Twitter etc.)	Criação de comunidades virtuais	Desenvolver comunidades virtuais para discussão de temas específicos que estejam previstos nos projetos da escola

10.6 FASES DE UM PROJETO EDUCACIONAL COM O USO DA INTERNET

De uma forma bastante simples, podemos esquematizar resumidamente as fases de um projeto educacional com o uso de ferramentas on-line:

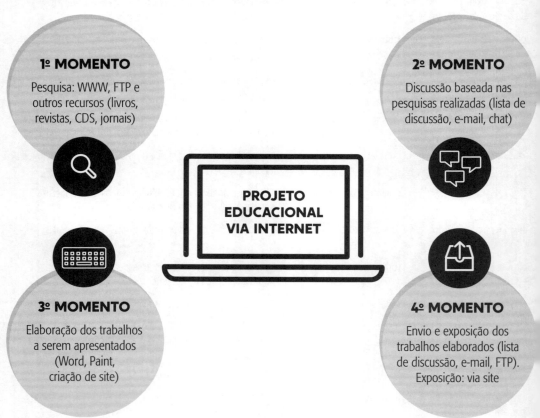

Figura 10.1 Fases de um projeto educacional com o uso da internet.

- **1º momento:** é a fase de levantamento de dados, conforme solicitado na descrição das atividades definidas pelos educadores envolvidos no projeto. É sempre bom lembrar que o levantamento de dados não deve se limitar à pesquisa na internet. Os participantes do projeto devem recorrer a livros, jornais, revistas, vídeos, programas de TV e outras fontes. O objetivo é que os alunos e educadores se habituem à prática de pesquisa. A internet deve ser considerada apenas mais uma fonte para obter conteúdo. As informações encontradas na internet devem ser também mencionadas como fonte de bibliografia da pesquisa.

CAPÍTULO 10 | USO DA INTERNET EM PROJETOS EDUCACIONAIS E SOCIAIS   **193**

- **2º momento:** após o levantamento de dados na fase anterior, é interessante gerar um debate sobre as questões encontradas com apoio dos recursos de comunicação disponíveis.

- **3º momento:** depois das conclusões elaboradas, é precisao realizar uma grande adequação das informações. É a hora de montar uma produção que pode ser feita por meio de qualquer expressão, seja textual, pictórica, musical, espacial, que a equipe de produção considere mais interessante para debater as conclusões. Em função da definição por parte da equipe de desenvolvimento do projeto, verifique o programa que deve ser utilizado para a produção do trabalho e sua posterior publicação.

- **4º momento:** talvez a fase de maior empolgação de um trabalho seja quando o resultado está pronto e pode ser visualizado por qualquer pessoa. Lembre-se: ao expormos um trabalho na internet, estamos expondo-o para o mundo. Qualquer pessoa de qualquer país pode acessá-lo quando desejar. Essa fase deve ser bastante criteriosa.

Os professores devem ficar atentos ao que está sendo publicado, pois isso representará a escola. Por meio desses trabalhos, muitas vezes podemos ver o nível de qualidade educacional da instituição. Por sinal, essa questão é uma das grandes resistências encontradas pelas escolas, pois ela acaba se expondo perante a comunidade.

Os projetos educacionais via internet não devem contemplar apenas momentos virtuais e a distância. O contato humano, os olhos nos olhos, são sensações tão gratificantes ou mais gratificantes que uma relação binária. Conhecer alguém presencialmente, tocar, ouvir a voz e olhar nos olhos daqueles que conhecíamos apenas por intermédio de um computador é muito importante para o próprio processo educacional.

A internet é mais um canal de conhecimento, de trocas e buscas, mas não substitui os contatos presenciais. Ela facilita e aprimora as relações humanas, elabora novas formas de convivência, estimula uma cultura digital, libera tempo, une povos e culturas, gera uma nova sociedade. Poderíamos até sugerir que o quinto momento de um projeto educacional via internet fosse um encontro presencial com todos os participantes.

10.7 FORMAS DE DESENVOLVIMENTO DE PROJETOS NA INTERNET

A seguir, serão apresentadas as formas empregadas no desenvolvimento de projetos educacionais na internet.

> Veja, nos Capítulos 4, 5 e 11, as estratégias para o desenvolvimento de projetos com o uso dos recursos tecnológicos.

10.7.1 A origem dos projetos

Os projetos educacionais realizados na internet podem ser classificados de duas formas quanto à sua origem: próprios ou de terceiros.

Projetos próprios são aqueles concebidos pelos educadores da própria escola. A partir de uma necessidade específica de um educador ou grupo de educadores, eles se reúnem e elaboram o projeto educacional para atender a um objetivo. A escola é responsável pelo desenvolvimento e pela manutenção do ambiente virtual do projeto, bem como pelo acompanhamento de todas as atividades previstas. Esse tipo de projeto é indicado quando a escola tem em seu quadro educadores já capacitados e ambientados com a internet. Nessa modalidade, a escola é o grande agente de produção, a protagonista.

Já os projetos de terceiros são aqueles disponibilizados na internet por outras escolas, núcleos de pesquisas de universidades e empresas de prestação de serviços na área de tecnologia educacional. Esses projetos geralmente possuem um tema que é compartilhado por todas as escolas e locais cadastrados no projeto. As atividades são definidas pela equipe de terceiros. A escola participa como um agente de contribuição de envio de atividades, interação entre outras escolas ou com sugestões. A equipe de desenvolvimento e de manutenção do ambiente virtual do projeto pertence a outras escolas, núcleos de pesquisas de universidades ou empresas de prestação de serviços na área de tecnologia educacional.

As vantagens desse tipo de projeto são baixo custo financeiro, apoio de outros participantes em estágios mais avançados, facilidade de efetuar trocas de experiências e dirimi dúvidas quanto ao funcionamento dos projetos, além de se uma ótima forma de aprender a desenvolver projetos educacionais de internet.

10.7.2 Amplitude das atividades

A utilização da internet nas escolas pode ser classificada de duas formas quanto à amplitude das atividades: interescola e intraescola.

Interescola é a forma de utilização da internet que promove e estimula a participação e a integração de diferentes escolas. Educadores e alunos de diversas escolas interagem em uma construção coletiva. Essas atividades agregam a utilização intensa dos canais de comunicação da internet, como salas de chat, e-mails, listas de discussão, dentre outros recursos.

Intraescola, por sua vez, são atividades que, geralmente, buscam uma pesquisa focada e direcionada a um interesse específico do educador conforme seu conteúdo programático. Essas atividades giram em torno de pesquisa e utilizam poucos meios de comunicação da internet. Elas acontecem dentro de um ambiente educacional para atender às suas necessidades específicas.

10.8 CRIAÇÃO DE ESCOLAS ON-LINE

Até o momento, abordamos várias questões sobre a utilização da internet na educação, algumas classificações didáticas desse uso nas escolas e formas de conexões para navegar. Mas como transformar a sua escola em uma escola on-line ou virtual?

Uma forma de iniciar essa mutação é a partir da migração das atividades analógicas para digitais, a partir da criação de um site para a escola, criando, assim, o seu ambiente virtual. A partir dela, pais, professores e alunos podem trocar informações conforme suas necessidades.

O ambiente virtual da escola pode conter três áreas distintas, que serão apresentadas a seguir.

10.8.1 Institucional

Esse ambiente pode fornecer informações sobre a escola, fotos das suas áreas internas e externas, fotos e contato dos professores, apresentar o quadro de profissionais, explicações e fundamentações da proposta pedagógica, comentários dos diretores, cursos oferecidos, fotos dos alunos, eventos, serviços oferecidos aos pais, alunos e comunidade em geral.

Por se tratar de uma apresentação institucional, essa parte do site deve ser criada por profissionais da área de design. Caso a escola não disponha desses profissionais, uma sugestão é que os próprios alunos participem, como uma atividade extraclasse, com a participação dos professores.

196 INFORMÁTICA NA EDUCAÇÃO

10.8.2 Administrativa

O ambiente para as atividades administrativas visa promover uma interação dos pais com a escola por meio da internet. Podem ser disponibilizados lista de material escolar, agenda das atividades (calendário escolar), avisos e resumos das reuniões de pais, lista de discussão para os pais, quadro de avisos e um banco de dados com acesso restrito, que forneça aos pais informações sobre a situação escolar de seus filhos, como frequência, notas, relatórios. Dessa forma, a escola cria mais uma forma de aproximação dos pais com a vida escolar dos filhos.

Para o desenvolvimento dessa área, é necessário que a escola já tenha um sistema de banco de dados com os controles que serão disponibilizados via internet. É importante verificar com o fornecedor do software de controle acadêmico se o programa tem conexão com a internet. Também é necessário que esse sistema esteja em perfeito estado de funcionamento nas divisões internas da própria escola.

10.8.3 Educativa e pedagógica

Essa área do ambiente virtual visa disponibilizar atividades pedagógicas para os alunos a partir de projetos desenvolvidos pelos seus professores ou de projetos de terceiros nos quais a escola esteja envolvida.

As atividades dessa área devem conter também listas de discussão para os alunos e professores e uma sala de bate-papo, possibilitando troca de informações entre eles, ou outros meios de comunicação.

10.8.4 Outras possibilidades para as escolas on-line

O ambiente virtual de uma escola on-line deve ser dinâmico e proporcionar o desenvolvimento de várias atividades, seja para os pais, alunos, professores ou visitantes. A seguir, listamos alguns recursos que podem promover ambientes virtuais educacionais mais interativos. Esses recursos podem estar em seções do ambiente virtual de uma escola.

- **Cursos a distância:** a internet tem se mostrado uma das ferramentas mais poderosas para a implementação de cursos a distância. A partir dela, talvez possamos contar com profissionais com melhor nível de atualização, que ministrem cursos mais rápidos e com melhores preços.

- **Lista de discussão para pais, alunos e professores:** a interação deve ocorrer entre todos os participantes de qualquer comunidade. A comunicação participativa é a mais privilegiada.

CAPÍTULO 10 | USO DA INTERNET EM PROJETOS EDUCACIONAIS E SOCIAIS **197**

- **Sala de chat com agendamentos de participantes convidados:** a comunicação on-line e em tempo real é dinâmica e motivadora.
- **Jornais virtuais:** contando com a colaboração e cooperação dos alunos e professores, é possível a construção de um espaço para divulgação de notícias em formato jornalístico.
- **Pesquisas por disciplinas escolares:** tempo e direcionamento muitas vezes são recursos de que os professores precisam dispor para suas atividades escolares.
- **Cadastramento de sites específicos para pesquisas:** nem sempre direcionar as fontes de pesquisas é o mais indicado para os alunos. Professores, alunos e pais podem compartilhar sites já analisados para futuras pesquisas.
- **Músicas on-line (repositório de partituras):** a internet pode ser um meio de estímulo do estudo de músicas ou para desenvolver atividades com apoio musical. Também podem ser acessados sites com músicas on-line, que permitam executar a música na hora, sem que seja necessário baixar arquivos.

Índice de busca (diversos e para o próprio site): pesquisas são grandes possibilidades oferecidas na internet. Nos ambientes, devem existir indicações para sites de pesquisa (Google, Yahoo, Bing).

Enciclopédias digitais: a construção de páginas fica mais fácil quando temos à disposição galerias de imagens.

Emissão de cartões de Natal, aniversário, amizade: a aprendizagem pode ocorrer de forma lúdica e com muita diversão.

Repositório de histórias elaboradas pelos alunos: o computador tem sido largamente utilizado para o desenvolvimento e aprimoramento do ato de escrever. Na internet, podemos ser leitores e autores simultaneamente.

Resenhas de livros: uma importante ferramenta para estimular a leitura.

Poesias infantis: a poesia é uma das formas de estimular a paixão e o amor inerentes aos seres humanos.

Sites de museus: conhecer a história é uma das formas de entendermos melhor o que estudamos.

Diversão on-line: jogos dos 7 erros, palavras cruzadas, jogo de memória, quebra-cabeça.

Repositório de softwares educacionais: a internet possui um grande acervo de softwares educacionais. Dessa forma, os professores podem aprimorar ainda mais suas atividades com os alunos.

Orientações de segurança para utilização da internet: pais, professores e demais educadores devem ter algum controle nessa rede tão aberta.

198 INFORMÁTICA NA EDUCAÇÃO

- **Selo de acreditação:** ter referência em uma rede mundial de computadores é importante, sendo essencial termos trabalhos publicados com critérios de segurança. Existem na internet sites ou serviços especializados em certificar os ambientes virtuais.

- **Gestão escolar – disponibiliza informações cadastrais da escola para acessos restritos:** esses dados são informações, bem como uma forma de promover a interação com os pais a partir da disponibilização de um banco de dados com notas, frequências, avisos e orientações gerais.

- **Cadastro de usuários no site (visando montar banco de dados):** estamos na era da informação. Ter dados sobre pessoas é uma das formas de realizar diversos tipos de atividade de integração dessas pessoas.

- **Local de anúncios comerciais:** comprar faz parte das nossas rotinas diárias. Um shopping virtual de artigos para a educação pode ser um meio de democratizar os recursos disponíveis.

- **Realizar parcerias com provedores gratuitos:** uma das formas de agilizar a inserção das escolas públicas em projetos de internet é favorecer o acesso à internet o que pode ser obtido por parcerias com provedores.

Os itens anteriormente apresentados são exemplos de recursos que podemos disponibilizar em uma escola virtual.

Sabemos que muitas escolas ainda não dispõem de tecnologias para o desenvolvimento de seus ambientes virtuais, entretanto, estamos em fase inicial de incorporação da educação nesses ambientes. Agora é o momento de aprender, visto que cada vez mais as instituições de qualquer área estarão inseridas nesse contexto, e mais uma vez a escola e os educadores não podem ser apenas meros expectadores.

10.9 VANTAGENS E OBSTÁCULOS QUANTO AO USO DA INTERNET NA EDUCAÇÃO

Por meio dos serviços citados da internet (WWW, sala de bate-papo, correio eletrônico, listas de discussão, dentre outros), é possível obter vários ganhos e vantagens pedagógicas. Entre os principais, podemos citar:

- acessibilidade a fontes inesgotáveis de assuntos para pesquisas;
- páginas educacionais específicas para a pesquisa escolar;
- páginas para busca de softwares;
- comunicação e interação com outras escolas;
- estímulo para pesquisar a partir de temas previamente definidos ou a partir da curiosidade dos próprios alunos;

CAPÍTULO 10 | USO DA INTERNET EM PROJETOS EDUCACIONAIS E SOCIAIS **199**

- desenvolvimento de uma nova forma de comunicação e socialização;
- estímulo à escrita e à leitura;
- estímulo à curiosidade;
- estímulo ao raciocínio lógico;
- desenvolvimento da autonomia;
- permitir o aprendizado individualizado;
- troca de experiências entre professores/professores, aluno/aluno e professores/aluno.

Apesar de todas as vantagens comentadas, existem uma série de obstáculos, como:

- muitas informações sem credibilidade;
- facilidade de dispersão durante a navegação;
- lentidão de acesso aos sites em função da baixa qualidade de tráfego de dados via internet;
- facilidade no acesso a sites inadequados para o público infantojuvenil;
- excesso de informações, o que dificulta a seleção;
- favorecimento de comportamentos de isolamento em função da priorização das relações apenas pelos ambientes virtuais.

Caberá aos diversos atores educacionais avaliar os ambientes educacionais para determinar as ações que podem ser desenvolvidas para melhorar o desempenho de seus alunos e demais favorecidos.

Leitura complementar

Para complementar seu entendimento sobre o uso da internet na Educação, sugerimos a leitura de alguns artigos:

- MORAN, J. Como usar a internet na educação. **Revista Ciência da Informação**, v. 26, n. 2, maio-ago. 1997, p. 146-153. Disponível em: <http://www.eca.usp.br/prof/moran/site/textos/tecnologias_eduacacao/internet.pdf>. Acesso em: 19 set. 2018.
- FAQUETTI, M. F.; OHIRA, M. L. B. A internet como recurso na educação: contribuições da literatura. **Revista ACB: Biblioteconomia em Santa Catarina**, Florianópolis, v. 4, n. 4, 1999. Disponível em: <www.eca.usp.br/prof/moran/site/textos/tecnologias_eduacacao/internet.pdf>. Acesso em: 19 set. 2018.
- RAMOS, M.; COPPOLA, N. C. **O uso do computador e da internet como ferramentas pedagógicas.** Disponível em: <www.diaadiaeducacao.pr.gov.br/portals/pde/arquivos/2551-8.pdf>. Acesso em: 19 set. 2018.

200 INFORMÁTICA NA EDUCAÇÃO

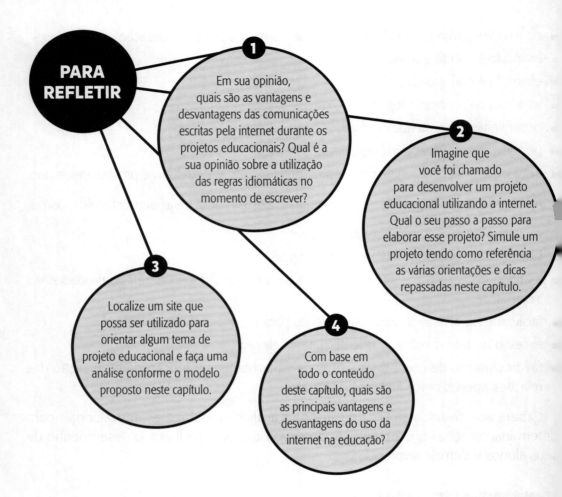

PARA REFLETIR

1. Em sua opinião, quais são as vantagens e desvantagens das comunicações escritas pela internet durante os projetos educacionais? Qual é a sua opinião sobre a utilização das regras idiomáticas no momento de escrever?

2. Imagine que você foi chamado para desenvolver um projeto educacional utilizando a internet. Qual o seu passo a passo para elaborar esse projeto? Simule um projeto tendo como referência as várias orientações e dicas repassadas neste capítulo.

3. Localize um site que possa ser utilizado para orientar algum tema de projeto educacional e faça uma análise conforme o modelo proposto neste capítulo.

4. Com base em todo o conteúdo deste capítulo, quais são as principais vantagens e desvantagens do uso da internet na educação?

CAPÍTULO 11

METODOLOGIAS ATIVAS E O USO DE TECNOLOGIAS DIGITAIS

OBJETIVOS

- Contextualizar o uso das metodologias ativas com tecnologias digitais de acordo com as características da Revolução 4.0.
- Apresentar algumas técnicas de metodologias ativas.
- Integrar os capítulos deste livro aos propósitos das metodologias ativas.
- Descrever o *Design Thinking*.

11.1 CONTEXTO FAVORÁVEL ÀS METODOLOGIAS ATIVAS

É necessário, entender o contexto mundial atual, em que bilhões de pessoas estão conectadas por dispositivos móveis com elevado poder de processamento, recursos de armazenamento e acesso a diversos tipos de conhecimentos. É nesse contexto que as metodologias ativas ganham atenção no cenário educacional. Para posicionar ainda mais o leitor sobre esse contexto que integra as possibilidades de uso das metodologias ativas e o uso de tecnologias digitais no século XXI, sugere-se uma leitura complementar dos Capítulos 1, 2 e 3.

Diversos autores muito importantes para a educação, como Paulo Freire, John Dewey, Jean Piaget, Lev Vygostsky, David Ausubel, entre outros, já discorriam, com formas e abordagens diferentes, sobre o quanto é fundamental colocar o aluno no papel central de qualquer processo de ensino e aprendizagem. Mattar (2017, p. 19) diz que "metodologias ativas não são novidade". Observe o Quadro 11.1.

Quadro 11.1 Estudiosos a favor do aluno como protagonista do processo de ensino-aprendizagem

Estudiosos	Suas ideias
Paulo Freire (1921-1987) – pedagogo brasileiro	Criador do método inovador para alfabetização de adultos, trabalhando com palavras geradas a partir da realidade dos alunos
John Dewey (1859-1952) – filósofo estadunidense	Defendia a ideia de que o aluno tinha de ter iniciativa e originalidade e agir de forma cooperativa. As escolas que atuavam em obediência e submissão não eram efetivas no processo de ensino-aprendizagem
Jean Piaget (1895-1980) – psicólogo suíço	Estudou o desenvolvimento e a evolução das habilidades cognitivas nas crianças, demonstrando os diferentes estágios do conhecimento e aprendizagem
Lev Vygotsky (1896-1934) – psicólogo bielo-russo	Defendeu a ideia da mediação entre o sujeito e o conhecimento, que podia ser promovida por meio de instrumentos e do educador. O professor passa a ter o papel de mediador e de favorecedor da interação
David Ausubel (1918-2008) – psicólogo educacional estadunidense	Defendeu que o conhecimento prévio do aluno é a chave para uma aprendizagem significativa

CAPÍTULO 11 | METODOLOGIAS ATIVAS E O USO DE TECNOLOGIAS DIGITAIS **203**

Compreender a proposta das metodologias ativas significa criar estratégias pedagógicas focadas nos alunos como protagonistas. Paulo Freire indicava que a alfabetização deveria ser voltada à realidade do aluno. Por exemplo: educa-se e ensina-se a partir de exemplos da realidade do aluno. No século XXI, isso significa utilizar exemplos e métodos que envolvam as novidades tecnológicas, como inteligência artificial, robótica, internet das coisas (*internet of things*, em inglês, com a sigla IoT), veículos autônomos, impressão em 3D, nanotecnologia, biotecnologia, ciência dos materiais, armazenamento de energia e computação quântica. Em suma, tudo isso faz parte da Quarta Revolução Industrial, em que a automação fará cada vez mais parte da nossa vida. Essas características devem ser consideradas no atual contexto da educação.

E por que essa nova realidade muda a forma de perceber a educação? Porque, com o avanço dos elementos constituintes dessa nova revolução industrial, as pessoas podem utilizar a tecnologia para criar novas realidades, possibilidades de negócio, tornando-se mais autônomas. Logo, a educação deve estimular nos alunos uma postura de empreendedorismo e criatividade, tornando-se cada vez mais protagonistas do aprendizado.

Entretanto, como já alertava Tapscott (1997), não basta ter acesso à informação, é preciso conhecê-la e saber como utilizá-la. Novos modelos de negócios que afetam o sistema de produção, a forma e as possibilidades de consumo, a rapidez nas diferentes modalidades de transporte, sistemas logísticos cada vez mais eficientes e eficazes repercutem diretamente na forma como trabalhamos, nos comunicamos, nos expressamos, nos informamos e nos divertimos. Essas mudanças demandam reformulações nos governos, na educação, na saúde e nas demais áreas da sociedade.

Mas, afinal, o que toda essa mudança pode provocar? As respostas são incertas, não sendo possível saber se o futuro será promissor ou perigoso. Como menciona Schwab (2016), os desdobramentos da adoção das novas tecnologias ainda são desconhecidos, mas essa complexidade requer que todos trabalhem juntos, sendo necessária a interconexão entre os envolvidos, que buscam um melhor entendimento das novas tendências. O futuro depende de ações coletivas, do conhecimento compartilhado abrangente e global, que pode mudar as gerações futuras e remodelar os contextos econômico, social, cultural e humano em que vivemos.

Para Schwab (2016), o que muda com a Quarta Revolução Industrial é a velocidade, a profundidade, a amplitude e o impacto sistêmico. Para o autor, mudanças na velocidade significam aumentar o ritmo exponencial e não linear das transformações. Cada nova tecnologia gera outras novas tecnologias, cada vez mais qualificadas e mais transformadoras. Quando Schwab (2016) menciona a amplitude e a profundidade dessas transformações que resultam das combinações das várias tecnologias, o autor se refere às modificações sobre "o que" e "como" fazemos, além de "quem somos".

Em outras palavras, o impacto sistêmico significa que há mudanças em sistemas inteiros, como países, empresas, indústrias e sociedade.

É muito comum, corriqueiro e inquietante observar o impacto das tecnologias digitais, mais especificamente aquelas relacionadas à informação e à comunicação. Não considerar essas novas tendências no contexto da educação é uma omissão. Porém, por enquanto, colocá-la no papel central das ações educativas também ainda não é adequado.

O ser humano, o aluno, o aprendiz e o educador é que devem ser considerados personagens centrais. Devem ser integrados ao meio em que vivem e às necessidades do ambiente. Atualmente, há demandas para que estudantes e professores atuem de forma colaborativa, mas isso pode ser e facilitado ou dificultado pelo uso da tecnologia. Pode ser facilitado porque pode ser utilizado a favor "de", mas pode ser um dificultador quando a tecnologia é utilizada de forma inadequada, atrapalhando o desenvolvimento de uma vida saudável. As tecnologias digitais, em especial o computador e os softwares interligados e conectados, podem ter diferentes aplicabilidades, conforme demonstrado em detalhes e em diferentes possibilidades nos Capítulos 4, 5, 8, 9 e 10 deste livro.

As novas tecnologias são invenções humanas e podem ser moldadas a favor do ser humano, podendo ser útil para diversos grupos, religiões, regiões, países, negócios e culturas. Podem gerar interações, colaborações e cooperações globais entre os indivíduos, de forma que todos os envolvidos podem ser positivamente afetados pelas transformações em curso.

Tais transformações são consideradas parte da Quarta Revolução Industrial porque promovem mudanças radicais e abruptas, que desencadeiam uma alteração profunda nas estruturas sociais e nos sistemas econômicos, o que pode gerar modificações nas formas de perceber e viver.

O Quadro 11.2 mostra todas as revoluções, incluindo as industriais, pelas quais passamos. A primeira revolução, chamada agrícola, ocorreu há cerca de 10 mil anos, quando os homens buscavam alimentos e domesticavam os animais. A revolução agrícola combinou a força de animais e humanos em benefício da produção, do transporte e da comunicação, levando os indivíduos à urbanização e, consequentemente, ao surgimento das cidades. Na segunda metade do século XIX, aconteceu a segunda revolução, caracterizada pela transição do trabalho braçal para a energia elétrica. O uso de máquinas elétricas começa a aumentar a produtividade dos seres humanos por meio da linha de montagem e das produções em massa e serial.

Atualmente, apesar de todas as mudanças globais, 17% da população mundial ainda não tem acesso a maquinários que ajudam na produção de bens e serviços. Quase 1,3 bilhão de pessoas ainda não têm acesso à eletricidade, recurso tecnológico

CAPÍTULO 11 | METODOLOGIAS ATIVAS E O USO DE TECNOLOGIAS DIGITAIS **205**

característico da Segunda Revolução Industrial. A Terceira Revolução Industrial, que começou em meados do século XX, ainda não traz benefícios para mais da metade da população mundial, visto que cerca de 4 bilhões de pessoas vivem em países em desenvolvimento sem acesso à internet. Vale ressaltar que, enquanto o tear mecanizado levou quase 120 anos para ser utilizado fora da Europa, a internet precisou de menos de uma década para se tornar global.

Ainda em seu começo, a Quarta Revolução Industrial demorou a ser estabelecida na maioria dos países. Os tomadores de decisão precisam entender essa nova realidade e como ela vai impactar em negócios, indústrias e na forma de se comunicar. Um dos lados negativos, até o momento, é o fato de o poder estar na mão de poucos que têm possibilidade de investir nessa nova revolução. Entre as mudanças, podemos ver empresas que alugam moradia, sem nem ter um espaço físico, como é o caso do site Airbnb. Ou o Uber, empresa de transporte, que não tem um único automóvel e trabalha com motoristas associados. Ou seja, as operações empresariais, pessoais, profissionais, educacionais ou de relacionamentos poderão acontecer cada vez mais no ciberespaço. Observe o Quadro 11.2.

Quadro 11.2 Resumo das principais características de cada uma das Revoluções Industriais

Revoluções Industriais	Características
Primeira Revolução Industrial (1760 a 1840)	▪ Construção das ferrovias ▪ Máquina a vapor ▪ Produção mecânica
Segunda Revolução Industrial (final do século XIX e início do século XX)	▪ Eletricidade ▪ Linha de montagem ▪ Produção em massa
Terceira Revolução Industrial ou Revolução Digital ou dos Computadores (década de 1960)	▪ Semicondutores ▪ Computação em *mainframe* (década de 1960) ▪ Computação pessoal (décadas de 1970 e 1980) ▪ Internet (década de 1990)
Quarta Revolução Industrial (virada do século XX para o século XXI), baseia-se na revolução digital	▪ Acesso à internet móvel ▪ Pequenos sensores mais poderosos e baratos ▪ Inteligência artificial e aprendizagem automática (aprendizado de máquina)

Considerando que estamos na quarta Revolução Industrial, as metodologias ativas são essenciais para a educação, visto que o objetivo é estimular o protagonismo dos alunos e transformá-los em indivíduos criativos e empreendedores, em especial por meio do uso da tecnologia. As aulas nesse novo cenário devem promover experiências vivas de aprendizagem. As metodologias ativas pressupõem que o processo de aprendizagem é único e diferente para cada indivíduo, pois aprendemos o que é mais relevante e significativo. O aprendizado acontece quando existem conexões cognitivas e emocionais, sendo necessário escolher diversas estratégias metodológicas de ensino para planejar as aulas.

Para trabalhar com os conceitos de metodologias ativas, é essencial que o educador atue como mediador, já que o processo de aprendizagem deve ser centrado no aluno. Devem ser valorizadas as relações entre aluno, educador e o objeto de conhecimento. Moran (2018) complementa essas observações quando reforça que aprendemos ativamente, isto é, participando do processo de ensino-aprendizagem. Podemos comparar com a própria vida, que é um processo de aprendizagem ativa, de enfrentamento de desafios cada vez mais complexos. Cabe ao indivíduo ser capaz de se transformar, intervir e recriar a realidade (Freire, 1996).

As metodologias ativas propõem métodos de ensino menos dedutivos (teoria primeiro e, depois, prática) e mais indutivas. O cenário ideal é que haja uma melhor combinação das duas, ou seja, uma educação híbrida. Estimulam-se maior questionamento e experimentação, ou seja, o aluno deve aprender fazendo. Além disso, deve-seutilizar o aprendizado espiral, quando é possível sair do mais simples para o mais complexo e criar uma mentalidade mais aberta, com flexibilidade cognitiva e assumindo riscos.

A proposta de trabalhar com metodologias ativas significa atuar com conceitos importantes que contêm:

1. **Personalização:** o aprendizado deve considerar a realidade e o projeto de vida de cada estudante, para que haja sentido no que está sendo ensinado. Para isso, é necessário que a escola disponha de mentores que proponham projetos significativos para o desenvolvimento dos educandos.

2. **Aventura permanente:** o aprendizado deve ser lúdico, divertido e prazeroso, sendo mediado por educadores que entendam as necessidades e os desejos dos alunos.

3. **Soluções empreendedoras:** deve-se buscar sempre as melhores formas de realizar os projetos, mantendo o espírito inquietante para novas oportunidades.

4. **Design:** o processo gráfico e o desenho podem ajudar no ensino. Infográficos, diagramas, fluxogramas e figuras podem ser facilitadores do processo de aprendizagem.

CAPÍTULO 11 | METODOLOGIAS ATIVAS E O USO DE TECNOLOGIAS DIGITAIS **207**

5. Compartilhamento: a troca de experiências e conhecimentos favorecem a aprendizagem, considerando que, quanto mais se compartilha, mais se aprende.

6. Criatividade: é o aprendizado em transformação contínua, podendo ser diferente, permitindo o erro, a partir de testes e prototipagens.

7. Questionamento: aprender entendendo o contexto, os motivos e justificativas, de forma que o aluno seja estimulado a não aceitar os saberes como prontos e certos.

8. Criação: estímulo à inovação, proposição de novas soluções para incrementar os processos já existentes.

9. Cocriação: aprendizado colaborativo, com a participação de alunos e professores. Produções coletivas e em rede, que permitem a troca contínua de experiências e conhecimentos.

10. Reflexiva: aprender pensando e refletindo. Nessa perspectiva, fazer sem refletir não é considerado suficiente, assim como também apenas refletir criticamente não basta.

11. Maker: o aprendizado ocorre com o "fazer", "fazendo e aprendendo", "fazendo e refletindo criticamente".

12. Descoberta: a cada nova realização, uma nova descoberta. A mediação deve estimular que o aluno ultrapasse seus limites.

13. Pesquisa contínua: busca inquietante de novos aprendizados.

É possível dizer que as metodologias ativas têm como concepção a articulação dos treze conceitos descritos anteriormente, que são centrados no aluno e para o aluno. Cada uma dessas terminologias são intrinsecamente interligadas e podem ser aplicadas de formas interdependentes. Uma percepção ou ação implica, simultaneamente, outra ação, sem haver hierarquia entre os conceitos.

Considera-se que as escolas que não articulam esses saberes correm o risco de oferecer um ensino incompleto, pois já tem sido demandado um acesso a tecnologias digitais (móveis e fixas), um currículo de matérias integrado com o digital. Não é mais possível considerar somente atividades analógicas, ignorando o mundo híbrido e ativo, sem conexões digitais. Para atender às novas configurações educacionais que estão surgindo, é possível afirmar que a aprendizagem precisa ser ativa e híbrida. Observe os conceitos mostrados no Quadro 11.3.

208 INFORMÁTICA NA EDUCAÇÃO

Quadro 11.3 Características da aprendizagem ativa e híbrida

Aprendizagem ativa	Aprendizagem híbrida
Aluno ■ Protagonista, autônomo e com iniciativa ■ Envolvimento e comprometimento diretos ■ Participativo e colaborativo ■ Reflexivo e questionador ■ Experiências, com base nas ações práticas ■ Desenho (design), modelo mental gráfico ■ Criador (*maker*), capaz de fazer O professor é mediador e articulador entre as relações dos alunos.	O aluno tem flexibilidade e capacidade de adaptar-se às diferentes situações. Compartilhamento (entre turmas, salas, ciclos e séries) ■ Espaço ■ Tempo ■ Atividades ■ Materiais ■ Técnicas ■ Tecnologias: físico-digital, móvel

Para que o aluno aprenda mais profundamente, sugere-se que a educação se divida entre ativa e híbrida, pressupondo que a construção seja individual e em grupo, mediada por uma tutoria.

A aprendizagem híbrida, também conhecida como *blended learning*, não se restringe à integração entre a educação presencial e educação a distância, mas também se refere à combinação de espaços diferenciados de aprendizagem (dentro e fora da sala de aula), entre a aprendizagem formal e informal. Entretanto, sempre favorece uma mudança pedagógica, em que o aluno controla o seu aprendizado (MATTAR, 2017).

As principais propostas de trabalhar com as metodologias ativas, segundo Mattar (2017), são:

■ **Rotação:** sugere que as atividades pedagógicas envolvam rotações entre os alunos por estações, laboratórios, salas de aula invertidas e rotação individual (quando o aluno faz a programação de acordo com as suas necessidades individuais).

■ *À la carte:* quando os alunos cursam algumas disciplinas presenciais e outras on-line.

■ *Flex:* baseada no sistema on-line, os alunos têm apoio presencial de tutores.

■ **Virtual:** modalidade em que os alunos têm a obrigatoriedade de assistir às aulas presencialmente, não apenas para receber apoio ou tirar dúvidas.

11.1.1 As novas gerações demandam novas metodologias de ensino

Além das questões apontadas sobre a Quarta Revolução Industrial e ao longo de todas as revoluções, vale ressaltar que os educadores (envolvendo todos os *stakeholders* envolvidos na educação formal e na informal) devem considerar as mudanças no comportamento dos alunos com base em sua conexão com a tecnologia. Nos dias atuais, quem estamos educando? Basta observar as características de cada geração para perceber o quanto os alunos, educandos ou aprendizes mudaram, e demandam novas formas de aprender, conforme o Quadro 11.4.

Muitos dos alunos que estão na escola hoje em dia possuem características inerentes à classificação denominada Geração Z. Sempre conectados, não têm paciência de estudar seguindo o modo tradicional, encontrando dificuldades para acompanhar a aprendizagem linear, que obedece a uma sequência de ensino baseada em uma lógica de caminho único. Em muitos casos, esses estudantes são hiperativos e realizam várias atividades ao mesmo tempo, utilizando todos os sentidos simultaneamente. Eles têm mente seletiva para lidar com o excesso de informações, não apresentam padrões de consumo baseados na lealdade. São conhecedores e usuários de várias mídias e recursos tecnológicos, agindo com mobilidade. Além disso, apresentam dificuldade de obedecer a ordens e lidar com hierarquias e são portadores da síndrome do "sabe--tudo", pois alegam encontrar na internet as informações que aprendem em aula.

Quadro 11.4 Características de cada geração

Geração Z	Geração Y	Geração X	*Baby Boomers*	Veteranos
Até 23 anos	**24-34 anos**	**35-45 anos**	**46-60 anos**	**+ 61 anos**
■ Críticos e seletivos ■ Nativos digitais ■ Autodidatas on-line	■ Cultura de interatividade ■ Tendência à mobilidade no trabalho ■ Reinvindicativos e com grande consciência social	■ Mente aberta à diversidade ■ Cidadãos do mundo ■ Competitivos	■ Grande dedicação ao trabalho ■ Capacidade para fazer carreira ■ Compromisso	■ Grande experiência ■ Fidelidade com a empresa ■ Valorizam o sacrifício

Diante de todas as mudanças decorrentes das Revoluções Industriais e das mudanças do comportamento de cada geração, as metodologias ativas são opções para que o processo de aprendizagem seja mais participativo e cada vez menos passivo, conforme as características apontadas no Quadro 11.5.

210 INFORMÁTICA NA EDUCAÇÃO

Quadro 11.5 Características das aprendizagens ativa e passiva

Aprendizagem ativa	Aprendizagem passiva
■ Observação de evidências no contexto	■ Memorização
■ Formulação de hipóteses	■ Reprodução de informações
■ Experimentação prática	■ Estudo teórico
■ Tentativa e erro	■ Reprodução de protocolos ou tutoriais
■ Comparação de estratégias	■ Imitação de métodos
■ Registro (inicial, processual e final de aprendizagem)	■ Ausência de registro

11.2 ALÉM DO CONCEITO: TÉCNICAS FAVORÁVEIS À APRENDIZAGEM ATIVA

> Todas as propostas apresentadas a partir do item 11.2 podem ser utilizadas com apoio dos recursos da informática, conforme mencionado nos Capítulos 4, 5, 7, 8, 9 e 10 deste livro. Para isso, sugere-se integrar as metodologias ativas aos recursos tecnológicos apresentados.

Apresentaremos as principais técnicas utilizadas em prol de uma aprendizagem ativa, como a inversão da sala de aula (metodologia da Sala de Aula Invertida), aprendizagem baseada em investigação e problemas, aprendizagem baseada em projetos, *peer instruction*, método de caso, pesquisa, aprendizagem baseada em jogos e *design thinking*. Todas essas modalidades são referenciadas na aprendizagem colaborativa.

11.2.1 Inversão da sala de aula: metodologia da Sala de Aula Invertida

Nessa metodologia ativa de ensino, os alunos estudam em casa, seja por meio de vídeos ou leitura de capítulos selecionados, antes das aulas com o professor. Em sala de aula, o docente pode promover encontro de grupos e oferecer estudos de caso e resolução de problemas. Ao longo das atividades desenvolvidas, o educador realiza interferências no trabalho em grupo.

A inversão da sala de aula pode ocorrer quando há desenvolvimento de projetos, atividades e experiências com utilização de jogos, aplicativos, laboratórios analógicos e digitais, câmeras, livros, artigos ou matérias e softwares. O objetivo é aprofundar a aprendizagem. Cabe ao educador como mediador, estabelecer o percurso da atividade, ade quando-a conforme o andamento do trabalho em grupo

Durante o desenvolvimento das atividades, mediadores e alunos oferecem e recebem feedbacks imediatos.

11.2.2 Aprendizagem baseada em investigação e problemas

Essa técnica consiste em realizar questionamentos sobre problemas cotidianos para que seja possível a identificação de soluções. Isso significa que as atividades devem prever pesquisas sobre o estudo de caso, avaliações de alternativas que envolvam pontos de vistas diferentes e avaliação das alternativas identificadas. É preciso que o aluno saiba que é possível errar, pois isso faz parte do descobrir, e que tenha como referência que uma visão simples do problema talvez não seja o suficiente para resolvê-lo, sendo necessário pensar de forma mais complexa e integrada com diversos conhecimentos.

Essa técnica tem por objetivo a identificação das diversas causas e soluções possíveis para resolver um problema.

11.2.3 Aprendizagem baseada em projetos

Essa técnica tem como objetivo resolver problemas de forma interdisciplinar. Por meio dela, trabalham-se habilidades específicas, como desenvolvimento de pensamento crítico, criatividade e diversidade das percepções para resolver uma tarefa. Geralmente, essa técnica é aplicada quando se deseja criar um produto que pode ser tangível ou não, ou seja, um produto sólido ou um conhecimento.

11.2.4 *Peer instruction*

Essa técnica é utilizada quando se deseja que alunos ensinem e aprendam com seus colegas, enquanto todos participam ativamente do processo de aprendizagem. Essa modalidade assemelha-se à com a Sala de Aula Invertida, mas é centrada na troca realizada entre os alunos. Mattar (2017) sugere, por exemplo, alguns passos para promover o *peer instruction*. As tarefas podem ser iniciadas por meio de leituras e vídeos on-line antes da aula, além da realização de exercícios também antes da aula. No dia da aula, o professor promove uma breve explicação sobre o tema, realiza um teste conceitual individual e, em seguida, promove o *peer instruction* (interação entre os alunos) e responde às dúvidas individuais. Em seguida, o professor trabalha com os alunos e propões novas questões on-line para saber se o conteúdo foi fixado. Essa técnica exige um planejamento bem elaborado das aulas, já que o professor precisa desenvolver estratégias de dinamização do processo de ensino-aprendizagem, incluindo a realização de várias atividades.

11.2.5 Estudos de caso

Ao aplicar essa técnica em sala de aula, os alunos devem discutir e propor soluções para os casos propostos pelo professor. Para Mattar (2017), nesse caso, os alunos passam a ocupar a função de gestores, pois precisam tomar decisões para resolver situações baseadas em circunstâncias reais. O professor assume diferentes papéis, além de planejador. Ele também é anfitrião, moderador, parceiro do aluno, devendo, ainda, avaliar as propostas dos alunos para solucionar o caso em questão. Não se trata de uma forma de ensinar, mas de facilitar a aprendizagem. É função do professor desenvolver um bom planejamento das questões que serão utilizadas nos estudos de caso.

11.2.6 Pesquisa

Essa técnica é muito utilizada para finalizar disciplinas e cursos, como trabalhos de pesquisa científica ou de conclusão de cursos. Está associada à modalidade de aprendizagem que inclui projetos e problematizações, estudos de caso ou tudo que demande do aluno realização de pesquisas, com definição de um tema, o problema a ser estudado, as sugestões de resolução, a fundamentação teórica, as técnicas de pesquisa, a coleta de dados, a análise e a interpretação e a conclusão. A pesquisa é centrada no interesse do aluno, que deve ser moldado para que ele realize a coleta do máximo de informações ao longo do seu projeto.

11.2.7 Aprendizagem baseada em jogos

Essa técnica ativa utiliza jogos como forma de promover a aprendizagem. O aluno vivencia o ambiente do problema e, ao mesmo tempo, desenvolve soluções por conta própria. É uma técnica dinâmica que utiliza interações recorrentes entre os alunos, que podem jogar. Veja no Capítulo 5 mais detalhes de como utilizar essa técnica.

11.2.8 *Design Thinking*

Uma das técnicas ativas mais utilizadas no momento é o *Design Thinking* (DT), que tem como objetivo facilitar o processo de solução de desafios cotidianos com criatividade e colaboração. Por meio do DT, é possível estimular a inovação e a ação prática.

O *Design Thinking* tem como princípios a empatia, a colaboração, a criatividade e o otimismo, conforme descrições a seguir.

■ **Empatia:** o DT considera o ser humano o centro do universo e que a inteligência emocional proporciona possibilidade de conexões profundas, favorecendo a afetividade e a cognição. As soluções devem ser desenvolvidas por grupos, favorecendo observações e diálogos contínuos no ambiente onde se realiza a ação.

- **Colaboração:** o desenvolvimento do DT necessita do envolvimento de todos os indivíduos de um grupo, sendo importantes as múltiplas percepções que podem favorecer o entendimento dos problemas e soluções criadas no grupo.
- **Criatividade:** por meio do DT é possível despertar a criatividade.
- **Otimismo:** é possível mudar o modelo mental, contradizendo o entendimento dos fatos como determinísticos.

Figura 11.1 Etapas do processo de Design Thinking.
Fonte: adaptada de Bacich e Moran (2018, p. 161).

Para favorecer a criatividade e a inovação, o DT propõe um modelo mental que valoriza a diversidade e a flexibilidade a partir da realização de ações simultâneas de divergência e convergência, analíticas e sintéticas (decomposição e junção, lineares e simultâneas), dedutivas, indutivas e abdutivas (probabilidade), materializada e pensamento experimental, individuais e, ao mesmo tempo, colaborativas. Ou seja, a proposta é não direcionar o pensamento apenas a uma forma de pensar a solução do problema. Por exemplo: ao resolver uma problema, proponha fragmentá-la para que todos possam entender as partes do problema. Em seguida, proponha unir os entendimentos apresentados. O educador pode propor pensamentos divergentes para solucionar o problema e, em seguida, propor a união desses pensamentos e propostas. No DT, a proposta é promover o pensamento circular do conhecimento e identificar soluções mais criativas; logo, não é sugerido apenas o pensamento lógico, sequencial e racional.

214 INFORMÁTICA NA EDUCAÇÃO

Pensar no modelo mental do DT significa desenvolver a habilidade de materializar pensamentos, apresentar protótipos para as experiências e soluções, utilizar recursos visuais para a comunicação de ideias, trabalhar em equipe com cocriações que demonstrem visões de futuro.

A técnica do DT foi disseminada por Tim Brown, diretor executivo da empresa estadunidense IDEO, logo no início dos anos 2000. Ele propõe um caminho sistemático para a inovação, que pode ser composto de etapas que estimulam a releitura de um problema complexo. Essa abordagem passou a ser conhecida como *Abordagem HCD Toolkit* e considera que as análises e as proposições de soluções devem ser norteadas pelo desejo e, em seguida, pela praticabilidade e pela viabilidade. Isto é:

1. **Desejo:** aquilo que é desejável e tem significado para as pessoas.
2. **Praticabilidade:** é a técnica, funcional e organizacional, que possibilita testar uma ideia para uma aplicação em um futuro próximo.
3. **Viabilidade:** se o projeto é viável financeiramente. É preciso avaliar se ele pode se tornar parte de um modelo de negócios sustentável.

O DT centrado no ser humano não é linear. O processo em estudo deve ser revisado e percebido de forma sistêmica, sendo iterativo (repetitivo), para que se possam validar as soluções propostas. Para atender a essa forma de pensar, sugere-se que o DT passe pelas etapas a seguir:

- **Ouvir:** entender as expectativas e necessidades dos envolvidos.
- **Criar:** capacidade de sintetizar e interpretar as informações coletadas a partir de insights ou ideias que tenham surgido na etapa anterior.
- **Entregar:** implementação das soluções testadas pelas partes envolvidas.

A outra abordagem do DT é conhecida como Bootcamp Bootleg, pertencente ao Hasso Plattner Institute of Design (também conhecido como D. School), da Universidade de Stanford. Ela considera que um problema nunca deve ser aceito tal como é apresentado e toda a estratégia deve ser centrada no ser humano, orientada à ação e à colaboração, valorizando a cultura da prototipagem, com demonstração de ideias, além de aberta à atuação cíclica no processo (iteração e não linear), ou seja, sempre aberta à promoção de feedbacks, de forma que as pessoas envolvidas não assumam uma postura defensiva, mas disponível para escutar e, se for necessário, revisar sua forma de pensar, considerando que podem existir diferentes formas de atuação e entendimento de um problema.

Por meio do Quadro 11.6, é possível ver a relação entre duas formas de pensar o DT, isto é, o HCD Toolkit e o Bootcamp Bootleg.

CAPÍTULO 11 | METODOLOGIAS ATIVAS E O USO DE TECNOLOGIAS DIGITAIS 215

Quadro 11.6 Relação entre as formas de DT

HDC TOOLKIT	OUVIR	CRIAR	ENTREGAR
⇕	⇕	⇕	⇕
BOOTCAMP BOOTLEG	**ENTENDER E OBSERVAR**	**DEFINIR E IDEAR**	**PROTOTIPAR E TESTAR**

Estratégias para implantação

Ouvir/entender e observar	Criar/definir e idear	Prototipar e testar
▪ Definição do desafio estratégico	▪ Encontro de temas	▪ Transformando ideias em realidade
▪ Avaliação de conhecimento	▪ Criação de estruturas	▪ Coletando *feedback*
▪ Mente de um iniciante	▪ Projeto participativo	▪ Identificando capacidades para implementar soluções
▪ Identificação dos *stakeholders*	▪ Criação de oportunidades	▪ Planejando soluções
▪ Escolha dos métodos de pesquisa	▪ Definição do enunciado do problema	▪ Criando cronograma de implantação
▪ Técnicas de entrevistas (individual e grupo)	▪ Checklist de leitura crítica	▪ Criando plano de aprendizado
▪ Extração dos principais insights	▪ Perguntas, por exemplo, "como podemos...?"	▪ Protótipos para testagem
▪ Mapa de empatia		▪ Prototipagem empática
▪ Composição do perfil de participante		▪ Grade de captura de *feedbacks*

Fonte: adaptado de Cavalcanti e Filatro (2016, p. 42).

De acordo com Cavalcanti e Filatro (2016), as principais estratégias, conforme cada uma das etapas do DT, podem ser vistas nos Quadros 11.7 a 11.10.

Quadro 11.7 Etapas do DT × estratégias, ou compreensão dos problemas

Estratégia	Orientações
Definição do desafio estratégico	Questionar com a partes interessadas o que é conhecido, o perfil dos stakeholders, o que eles desejam ou precisam, quais as tecnologias necessárias para o trabalho, se existem tensões, conhecimentos sobre o contexto. Formula-se uma pergunta utilizando *flip chart* ou cartolinas.
Organização de conhecimentos prévios	Identificar o que se sabe ou não sobre o problema (organização ou síntese do que foi coletado em uma cartolina).
Pesquisa exploratória	Observação, pesquisa ou entrevista de campo com as partes envolvidas diretamente no problema. Posteriormente, as informações são compiladas.
Plano de coleta de dados	Documento para coleta de dados via observação, entrevista e documentação (pode ser por imersão, entrevista empática ou documentação).

216 INFORMÁTICA NA EDUCAÇÃO

Estratégia	Orientações
Imersão	Convivência com as partes interessadas para vivenciar o desafio estratégico (usar o plano de coleta de dados).
Entrevista empática	Conversa com pessoas envolvidas no desafio, perguntas que remetam ao histórico das ocorrências.
Autodocumentação	Registros das ocorrências das rotinas do *design thinker*.
Análise dos dados coletados	Reunião para apresentação, categorização, comparação e análise dos dados catalogados.
Composição de perfil de participantes	O *design thinker* cria personagens fictícios com características similares aos que participaram da coleta de dados (colocar as informações em *flip chart* com os desenhos e informações).
Mapa da empatia	Documento que descreve o que alguém diz, faz, pensa e sente.

Fonte: adaptado de Cavalcanti e Filatro (2016, p. 136).

Quadro 11.8 Etapas do DT × estratégias, ou etapa de projetar soluções

Estratégia	Orientações
Refinando o problema	Valida o problema identificado por meio de questionamentos: qual é a importância, quem disse, o que há de novo, quem se importa, quem necessita?
Perguntas do tipo "como podemos?"	Elaboração de perguntas para estimular a criação de soluções a partir de "como podemos?"
Brainstorming	Criação e categorização de ideias possíveis a serem implementadas.
Escolha das melhores ideias	Seleção das melhorias ideais apresentadas no *brainstorming*, categorizadas.
Projeto participativo	Realizado com o encontro de especialistas e leigos para discutir soluções por meio de *brainstormings*.

Fonte: adaptado de Cavalcanti e Filatro (2016, p. 136).

CAPÍTULO 11 | METODOLOGIAS ATIVAS E O USO DE TECNOLOGIAS DIGITAIS **217**

Quadro 11.9 Etapas do DT × estratégias, ou prototipagem

Estratégia	Orientações
Prototipagem rápida	Criação rápida de protótipos para ter representação visual da solução apresentada do problema (desenhos, teatro, diagrama, esquemas, fluxograma etc).
Prototipagem empática	Recriação dos protótipos rápidos com a participação de *design thinkers* e/ou prestadores de serviços.
Prototipagem colaborativa	Criação de protótipos com especialistas e leigos representantes das partes interessadas.
Rodada com especialistas	Encontro com especialistas para que avaliem os protótipos das soluções criadas.
Teste do protótipo	Encontro com as partes interessadas para testagem dos protótipos das soluções criadas.
Matriz de feedback	Organiza os feedbacks recebidos durante os protótipos em uma matriz, contendo: o que funcionou, o que pode ser aperfeiçoado, os principais questionamentos e as novas ideias.

Fonte: adaptado de Cavalcanti e Filatro (2016, p. 136).

Quadro 11.10 Etapas do DT × estratégias, ou etapa de implementar a melhor opção

Estratégia	Orientações
Plano de implementação	Documento que descreve aspectos relevantes para a implementação das soluções criadas.
Análise de viabilidade	Análise dos custos de implementação e manutenção, tendo como referência o plano de implementação.
Plano do projeto-piloto	Planejamento de um piloto para testagem da ideia, antes que ela seja implementada.
Plano de aprendizagem	Registro da aprendizagem dos *design thinkers*.

Fonte: adaptado de Cavalcanti e Filatro (2016, p. 136).

Com a leitura dos quadros anteriores, é possível perceber que as estratégias utilizadas em DT podem ser aplicadas em áreas como gestão, educação e design. Entretanto, elas devem ser agrupadas de acordo com as diferentes finalidades.

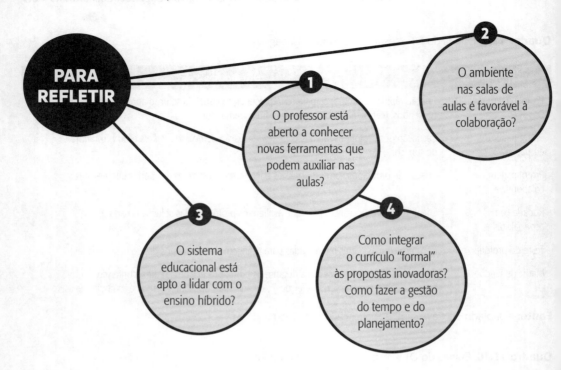

CAPÍTULO 12

O LUGAR DA EDUCAÇÃO NA ERA DIGITAL

> "Não posso ser professor se não percebo cada vez melhor que, por não ser neutra, minha prática exige de mim uma definição. Uma tomada de posição. Decisão. Ruptura. Exige de mim que escolha entre isto e aquilo. Não posso ser professor a favor de quem quer seja e a favor de não importa o quê. Não posso ser professor a favor simplesmente do Homem ou da Humanidade, frase de uma vaguidade demasiado contrastante com a concretude da prática educativa." (FREIRE, 1996, p. 115).

O conhecimento está em todos os lugares ao nosso redor, e a educação faz parte do nosso viver diário e de qualquer momento de inspiração e expiração. Há a flexibilidade de pensar e reconstruir o saber em estado contínuo, o abandono da verdade absoluta, a validade de uma ética universal. Estamos diante de uma nova revolução que nos enterra em abismos de ignorância contingencial, um sufoco de contrastes analógicos e digitais, uma remodelação de conceitos, valores e hábitos revistos em uma velocidade nunca presenciada e de forma tão dispersa.
O conhecimento é a nossa atual matéria-prima darwiniana: sem ele teremos baixas condições de sobrevivência.

Estamos diante de uma revolução que poderá ser total se for eticamente compartilhada por todos e para todos. Caso contrário, estaremos criando mais uma estratificação social e cada vez mais distante da maioria das pessoas sem acesso a esse privilégio.

As inovações tecnológicas digitais podem facilitar nossas vidas. As novas tecnologias estão criando uma forma diferente de organização social. A sociedade global de informações está criando uma forma de congregação de pessoas: as ricas e as pobres de informações, as pessoas com e as pessoas sem acesso às informações e, por fim, as pessoas que sabem lidar e criticar as informações obtidas, além daquelas que absorvem sem saber o quê, de forma ingênua.

Eis algumas grandes questões: como a Internet pode ajudar a educação? Como a vantagem tecnológica pode ocorrer nos países menos desenvolvidos? Quais são os benefícios que essa tecnologia pode trazer para todos? Vale ressaltar que três quartos dos computadores conectados à internet estão nos Estados Unidos; 3,1% da população dos países de alto poder aquisitivo usam a internet ativamente; e somente 0,0002% da população dos países de baixo poder aquisitivo têm acesso à internet. A internet tem sido nomeada *elite virtual*.

Em alguns países, a infraestrutura de telecomunicações encontra-se em estágio inicial, fora das prioridades de investimentos governamentais, enquanto em outros países essa área tem recebido um orçamento significativo. Os países pobres não possuem sequer rede elétrica, existindo poucas oportunidades de implantar sistemas de acesso à internet. Algumas das estratégias adotadas para alavancar essas inovações estão sendo as privatizações dos serviços de telecomunicações, as quais ocorrem a partir dos oligopólios das empresas telefônicas, isso quando não ocorrem pelas prestadoras de serviços estatais.

Além das questões de infraestrutura, os países mais pobres também não desenvolvem pesquisas, necessitando sempre recorrer aos conhecimentos dos países mais desenvolvidos. Alguns países asiáticos têm se desenvolvido e investido muito nas novas tecnologias, principalmente os países dos Tigres Asiáticos (Hong Kong, Cingapura, Coreia do Sul e Taiwan). Esses países estão disponibilizando computadores em todas as escolas primárias e tornam-se o caminho da multimídia. Outros países asiáticos, como o Camboja, quase não têm acesso a computadores, e esse atraso se deve, principalmente, aos constantes conflitos internos.

A internet é muito utilizada de forma individual, mas pode ser muito mais útil quando usada pelo coletivo, como projetos de saúde pública, democratização de informações públicas em geral e para facilitar o acesso a novos aprendizados e conhecimentos.

Em alguns países, já existem acessos públicos à internet em postos comunitários, em livrarias, bares e cafés. Isso é uma forma inovadora de possibilitar o acesso à informação. Ela propõe uma situação mista nas formas de ter acesso às informações, visto que congrega antigas e novas formas de obter conhecimento.

A utilidade coletiva da internet pode ser bem empregada no campo da saúde a partir da disponibilização de informações médicas, facilitando os diagnósticos e acompanhamentos médicos, independentemente das distâncias físicas e temporais. No campo político, a internet pode ser útil, visto que possibilita o acesso às informações de base social e econômica, reforçando as políticas democráticas.

No campo da educação, a internet ocupa um espaço precioso, até mesmo porque foi desenvolvida no meio acadêmico, interligando os pesquisadores e cientistas estadunidenses. A internet está promovendo a formação do ciberespaço composto do multiculturalismo. Apesar de ainda serem dominantes a cultura, os valores e a língua inglesa, essa nova ferramenta pode favorecer o aparecimento de uma cultura heterogênea.

A Era Digital exige um repensar quanto à educação. Segundo Tapscott (1997), existem seis temas que devem ser abordados no novo aprendizado:

- **Tema 1:** cada vez, mais trabalho e aprendizado estão sendo considerados iguais. O novo trabalho requer inovação, e só obtemos a inovação com pesquisa. Isto é, precisamos estar sempre aprendendo. Aprendizado é a nova força de trabalho.

222 INFORMÁTICA NA EDUCAÇÃO

- **Tema 2:** o aprendizado está se tornando um desafio para a vida. Na antiga economia, em que as mudanças eram mais lentas, nossas vidas eram divididas em dois momentos: estudar para se formar e, depois, para trabalhar. Na nova economia, temos de reinventar nossa base de conhecimento durante toda a vida. O aprendizado é eterno.

- **Tema 3:** o aprendizado está saindo das escolas e universidades formais. Em função da necessidade contínua de aprendizado, o setor privado está assumindo cada vez mais responsabilidades pela reciclagem de conhecimentos. Tanto as empresas quanto os indivíduos descobriram que precisam assumir a responsabilidade de serem eficazes.

- **Tema 4:** algumas instituições educacionais estão trabalhando com afinco para se reinventar e continuar relevantes, mas o progresso é demorado. As instituições formais têm sido lentas nas suas respostas, e muitas estão atoladas no passado.

- **Tema 5**: a consciência organizacional é necessária para criar organizações de aprendizado. As organizações são ambientes de eterno aprendizado; nelas, estamos sempre aprendendo e promovendo novos aprendizados.

- **Tema 6:** a nova mídia tem condições de transformar a educação e criar uma infraestrutura de trabalho-aprendizado para a economia digital. A localização do aprendizado extrapolou a sala de aula; o aprendizado agora pode ocorrer no local de trabalho, no carro, em casa. As novas tecnologias favorecem que os professores assumam uma postura mais atual, de facilitador do processo de aprendizado.

A utilização da internet torna-se bastante propícia como mais um novo meio para a educação. Podemos perceber que estamos diante de uma grande oportunidade para refazer e alterar todos os mecanismos que afetam diretamente o ensino-aprendizagem, como professores, administradores escolares, currículo, instrumentos de aprendizagem e política educacional.

12.1 PROFESSORES

Os ambientes de aprendizagem virtuais apresentam características que favorecem uma ruptura nos processos ditatoriais de educadores e de um currículo estanque e disperso. Falar de uma formação ineficiente para os educadores, com falta de proatividade, pode ter um novo significado: mas será que somos responsáveis pela construção crítica da nossa própria aprendizagem?

Os professores parecem estar desenvolvendo suas atividades de forma espontânea, sempre em uma relação de viver e aprender. A educação pode ser desenvolvida além de sua espontaneidade; ela também é intencional e proposta. Os professores poderiam perceber suas relações com o meio de forma mais consciente. Somos quem somos porque estamos em uma relação contextual.

Somos seres animais que se integram ao meio, provocam modificações, produzem relações. A educação deve ser integradora, e não mera adaptadora de circunstâncias. A educação é móvel, a cultura é resultado da ação do homem. O contexto é integrado, suas partes se articulam e estão sempre em troca. Somos seres culturais em estado contínuo de mutações e influências. Paulo Freire (1996, p. 59) menciona que somos seres inacabados, e neste "inacabemento, sei que posso ir mais além", acrescenta, ainda, que o processo de aprendizagem é coletivo, em uma dinamicidade mútua entre o indivíduo e o seu meio. Como os professores estão sendo formados para conceber o ciberespaço como mais um meio de aprendizagem?

12.2 ADMINISTRADORES ESCOLARES

As escolas são conhecidas por seus mecanismos lentos de inovação, e estamos sempre nos perguntando o porquê. As escolas, em sua maioria, diferentemente de outras instituições, não têm em sua concepção a obtenção de lucros. Seu objeto existencial lida com o saber e o repassar da cultura, o que acarreta um diferente posicionamento no mercado e na forma de agir. Os administradores escolares, geralmente, são profissionais que migraram da área de educação e não lidam com questões de competitividade e, quando assim concebem suas atividades, são discriminados e rejeitados.

Nem todas as inovações devem ser incorporadas. A tecnologia da informação não é a salvação das escolas, entretanto, os administradores escolares devem estar atentos às mudanças culturais ao seu redor para não ficarem defasados diante do atual contexto histórico e social.

O que os administradores escolares estão fazendo pelas escolas para que elas se posicionem na Era Digital?

12.3 CURRÍCULO

Se quiser saber algo sobre uma pessoa, pesquise a respeito do seu histórico. O currículo pode ser considerado um ingrediente que representa o ser humano. Devemos ficar atentos aos currículos ocultos, que não estão expressos em estatutos, regimentos e planejamentos; aos currículos que estão além da escola, aos acontecimentos e fatos vivenciados por nossos alunos em qualquer circunstância em que eles estejam. É nesses momentos que eles colocam em prática os currículos aprendidos. A tecnologia da informação é mais um componente curricular que precisa aparecer de forma clara e intencional, mas não para substituir outros recursos. Como as escolas vêm incorporando as novas tecnologias da informação?

Pensar em redes de aprendizagem e em comunidades virtuais é repensar o currículo. Isso significa ir muito além das questões de interatividade, cooperação e colaboração. O currículo deve estar atento aos interesses dos alunos, deve satisfazê-los e motivá-los, deve estar próximo da realidade.

12.4 INSTRUMENTOS DE APRENDIZAGEM

Com a Era Digital, as escolas têm à sua disposição mais um recurso para proporcionar novas formas de aprender. Giz, livro-texto, televisão, *slides*, transparências e todos os outros recursos analógicos ganham como parceiros os novos instrumentos digitais, como softwares de exercitação e simulação, jogos, cursos de hipermídia, fóruns digitais, WWW, lista de discussão, comunidades virtuais, ambientes de aprendizagem. Novas formas de aprender são estimuladas em ambientes binários, aprendizados podem ocorrer com o auxílio de computadores e redes digitais.

12.4.1 Ciberespaço: o novo espaço do saber

As sociedades humanas estão em constante estado de transformação, e sua complexidade pode ser vista diariamente em notícias nos meios de comunicação. Para provocar desequilíbrios na globalização, não são necessários grandes adventos sociais ou mesmo militares. Ataques com instrumentos civis fazem que reavaliemos valores e crenças, provocando uma análise nas nossas atitudes e condutas.

Todos estão expostos às mudanças e rupturas de paradigmas, mesmo que não estejam diretamente ligados aos eventos de transformação. Os seres humanos participam simultaneamente de vários sistemas e estão integrados à cadeia dos fenômenos terrestres, planetários e cósmicos.

A complexidade da sociedade humana pode ser vista em situações rotineiras e simples do cotidiano. Complexidade não significa dificuldade, mas conexão entre áreas, conhecimentos e fatos, isto é, significa integração. O todo só proporciona significado a partir de suas partes, e as partes não têm significado se não forem observadas em suas relações com o todo.

A complexidade dos fenômenos sociais envolve aspectos sociais, econômicos, culturais, ecológicos, psicológicos, biológicos, educacionais e tecnológicos. Todas essas questões resultam da evolução histórica (ontogenia) dos seres humanos.

Observa-se, em algumas comunidades virtuais estudadas, que o agrupamento estrutural dos componentes humanos, lógicos, ideológicos e físicos favoreceu o aprendizado em grupo a partir das relações geradas entre si. Podemos citar as atitudes colaborativas e cooperativas, o que garantiu a conservação e a adaptação da organização no contexto em que estavam inseridas, apesar de todos os movimentos dinâmicos estruturais. Tal dinamicidade evitou a desintegração da comunidade como sistema vivo autopoiético.

Algumas comunidades virtuais analisadas constituíram um sistema autônomo a partir das relações desenvolvidas pelos seus elementos constitutivos, tais como colaborações e cooperações produzidas. Muitas dessas relações aconteceram no âmbito da própria rede de relacionamentos entre seus membros, mediante as coordenações consensuais recorrentes de conversações geradas nesses processos.

A partir das análises das comunidades virtuais, foi possível perceber a importância das relações humanas, acima de qualquer tecnologia física. Essa seria a forma mais avançada e única de desenvolvimento de atitudes cooperativas, que podem propiciar uma nova forma de agir em uma sociedade que promove a exclusão social, não apenas dos menos favorecidos economicamente, mas daqueles que não têm acesso às informações, e ainda não sabem tratá-las em prol de suas oportunidades individuais e coletivas.

Por fim, pode-se verificar que uma comunidade virtual pode se estabelecer como um sistema dinâmico a partir das relações de colaboração e cooperação, desde que seus membros interajam, principalmente, de forma dinâmica e autônoma, de acordo com seu limite operacional. Também podemos observar que os fenômenos sociais e educacionais de abordagem física estão interligados em uma rede de conexões e que as possíveis explicações de um fenômeno complexo devem estar relacionadas, simultaneamente, com várias áreas do conhecimento científico.

12.5 POLÍTICA EDUCACIONAL

Desde a década de 1980, o Governo Federal brasileiro vem desenvolvendo uma série de programas para estimular a incorporação das novas tecnologias na educação, como Projeto Educom, Formar, Cied e o ProInfo. A política educacional vem apresentando sempre sinais de incorporação das novas tecnologias. Vale ressaltar que nossos programas procuram sempre incluir a formação de professores, para que estejam atualizados conforme o contexto no qual estão inseridos. Será que esses projetos já estão gerando retornos para a sociedade brasileira? Quantos estão sendo beneficiados e com que qualidade?

226 INFORMÁTICA NA EDUCAÇÃO

12.6 CONCLUSÃO

O homem é o único animal sem nenhuma especialização que garanta a própria sobrevivência e, por essa razão, necessita desenvolver uma série de ações, visando à sua continuidade e à sua existência. O homem, por meio da sua capacidade de inovação, desenvolveu uma série de operações de poder sobre a natureza, ou de provocar mutações, para atender às suas necessidades. Essas inovações ou invenções são transmitidas pela cultura. O resultado das ações humanas gera transformações que nos tornam, de fato, pessoas.

A cultura pode ser transmitida de várias formas: via oral, desenhos, escrita, impressões digitais, TV, rádio, vídeo e, atualmente, a internet. A rede mundial de computadores provoca uma aceleração na transmissão das informações e, consequentemente, uma retroalimentação mais rápida, o que torna mais complexo acompanhar seu desenvolvimento. A relação da cultura digital também atinge os processos orgânicos, pois reflete na forma inconsciente e, posteriormente, consciente do modo de viver.

A internet é uma mudança e uma ação do homem sobre a natureza. Ela permite a transmissão cultural pluralista de forma digital, sobrepondo-se aos empecilhos temporais e geográficos. A internet é um canal de transmissão cultural e multicultural. Ela promove a hominização digital.

A cultura digital é resultado de uma manifestação histórico-social. É uma consequência cultural das ondas da humanidade. A cultura digital, como qualquer outra, é apoiada em dois componentes: instrumentos ou materiais e ideias. A cultura digital está diretamente associada ao processo de produção, ao modo de vida da sociedade. A cultura digital não está dissociada de sua materialidade e de sua idealidade e, em consequência, apresenta a dupla natureza de consumo e produção.

Para Pinto (2005), o homem, ao realizar novas experiências, dá respostas aos diferentes desafios do ambiente em que vive e, com isso, cria, a cada momento, novos instrumentos que antes não existiam, facilitando (ou não) suas vivências, criando uma nova forma de relacionamento entre seus pares, uma nova forma de produção e uma nova forma de viver.

A internet, como cultura, pode ser um bem de consumo e um bem de produção. De acordo com Pinto (2005), os bens de produção constituem a origem de uma nova capacidade humana: a de vislumbrar os possíveis efeitos de atos que queremos realizar, conceber novos instrumentos e novas técnicas de exploração do mundo.

A internet pode possibilitar o rompimento das estruturas sociais. Pode possibilitar a inversão da produção de riquezas nas relações temporais. A internet permite a antecipação, a emancipação de processos de produção. O sistema de produção, o fato de sermos agentes ativos e produtores de um espaço virtual alteram nossa cultura.

Apesar das colocações anteriores, é necessário sempre questionar e validar essas afirmações, visando evitar um otimismo inocente. A cultura digital na qual estamos imersos nos aliena? Por que o homem se sujeita ao imperativo tecnológico? Por que o homem se submete à internet? Como promover melhorias sociais pela Internet se poucos têm acesso aos benefícios culturais emergentes, poucos são de fato os produtores de bens? Essa realidade é acessível a quem? A internet favorecerá uma nova forma de estratificação social? Como ficarão os excluídos nessa sociedade digital? Como os professores analisam criticamente a educação no ciberespaço? A quem pertencem esses novos conhecimentos? Quem se beneficiará?

Estas questões ficarão sem resposta por enquanto, da mesma forma quando Copérnico, Galileu, Darwin, Freud e Einstein propuseram novas formas de pensar, agir, viver e conceber o mundo. Entretanto, cabe a nós, educadores, percebermos e alterarmos o contexto que está ao nosso redor. Cabe a nós atuarmos sobre nossos educandos de uma forma ética, sem cair na omissão da nossa mis-são: participar ativamente da educação.

BIBLIOGRAFIA

ALMEIDA, F. J. **Educação e informática**. 2. ed. São Paulo: Cortez, 1988.

ANTONIO, L. Q. **Manual de orientação metodológica:** informática na educação. São Paulo: Érica, 1997.

APPLE, M. W. **Política cultural e educação.** São Paulo: Cortez, 2000.

ARMSTRONG, S. **Internet para estudantes.** Rio de Janeiro: IBPI Press, 1995.

BACICH, L; MORAN, J. (Orgs.). **Metodologias ativas para uma educação inovadora**. São Paulo: Penso, 2018.

BARROS, C. Mídia: uma solução de risco. **Revista Educação**, ano 24, n. 204, p. 55, abr. 1998.

BARROS, L. A. **Suporte a ambientes distribuídos para aprendizagem cooperativa**. Tese (Doutorado em Ciências em Engenharia de Sistemas de Computação) – Universidade Federal do Rio de Janeiro, Rio de Janeiro, 1994.

BORDENAVE, J. D. **Estratégias de ensino-aprendizagem**. 11. ed. São Paulo: Vozes, 1989.

BRASIL. Presidência da República. Casa Civil. Subchefia para Assuntos Jurídicos. Lei nº 8.248, de 23 de outubro de 1991. Dispõe sobre a capacitação e competitividade do setor de informática e automação, e dá outras providências. **Diário Oficial da União**, 24 out. 1991. Disponível em: <www.planalto.gov.br/ccivil_03/LEIS/L8248.htm>. Acesso em: 25 ago. 2018.

_____. Ministério da Educação e do Desporto. Gabinete do Ministro. Portaria nº 522, de 9 de abril de 1997. **Diário Oficial da União**, 14 abr. 1997. Disponível em: <www.dominiopublico.gov.br/download/texto/me001167.pdf>. Acesso em: 25 ago. 2018.

_____. Decreto nº 6.300, de 12 de dezembro de 2007. Programa Nacional de Tecnologia Educacional (ProInfo). **Diário Oficial da União**, 13 dez. 2007. Disponível em: <www.planalto.gov.br/ccivil_03/_ato2007-2010/2007/decreto/d6300.htm>. Acesso em: 28 jun. 2018.

BRASIL. Ministério da Educação. **ProInfo – Apresentação**. Disponível em: <https://bit.ly/2gv9VjE>. Acesso em: 8 ago. 2018.

CAVALCANTI, C. C.; FILATRO, A. **Design thinking:** na educação presencial, a distância e corporativa. São Paulo: Saraiva Uni, 2016.

COSTA, I. R. T.; FAGUNDES, L. C.; NEVADO, R. A. **Educação a distância e a formação continuada de professores em sistemas de comunidades de aprendizagem**. Campinas: Unicamp, 1998. Disponível em: <www.nied.unicamp.br/oea/mat/ead_forma%E7%E3o_teclec_.pdf>. Acesso em: 28 jun. 2018.

DRUCKER, P. **As fronteiras da administração**. Rio de Janeiro: Elisevier Campus, 2011.

DWYER, D. C. **Ensinando com tecnologia**. Porto Alegre: Artes Médicas, 1997.

ESTRÁZULAS, M. Interação e cooperação em listas de discussão. **Informática na Educação: Teoria & Prática**. UFRGS: outubro, 1999. p. 81-86.

FAGUNDES, L. C.; MAÇADA, D. L.; SANTAROSA, L. M. C. et al. Aprendizagem Cooperativa em Ambientes Telemáticos. **Revista Informática na Educação: Teoria & Prática**, Porto Alegre, v. 2, n. 2, p. 19-28, abr. 1999.

FARIA, M. A. **O jornal na sala de aula**. São Paulo: Contexto, 1996.

FREIRE, P. **Pedagogia da autonomia**. São Paulo: Paz e Terra, 1996.

GARDNER, H. **Estruturas da mente:** a teoria das múltiplas inteligências. Porto Alegre Artes Médicas, 1994.

LÉVY, P. **As tecnologias das inteligências**. Rio de Janeiro: 34, 1993.

_____. **O que é virtual?** Rio de Janeiro: 34, 1998.

_____. **Cibercultura**. Rio de Janeiro: 34, 1999a.

_____. **A inteligência coletiva**. São Paulo: Loyola, 1999b.

LITWIN, E. **Tecnologia educacional**. Porto Alegre: Artes Médicas, 1997.

BIBLIOGRAFIA **231**

LUCENA, M. **Um modelo de escola aberta na internet:** Kidlink no Brasil. Rio de Janeiro: Brasport, 1997.

MATTAR, J. **Metodologias ativas:** para a educação presencial, blended e a distância. São Paulo: Artesanato Educacional, 2017.

MATURANA, H. **A árvore do conhecimento**. Campinas: PSV, 1995.

_____. **De máquinas e seres vivos**. 3. ed. Porto Alegre: Artes Médicas, 1997.

_____. **A ontologia da realidade**. Belo Horizonte: UFMG, 1997a.

MORAES, M. C. **O paradigma educacional emergente**. Campinas: Papirus, 1997.

MORAN, J. M. Novas tecnologias e o reencantamento do mundo. **Revista Tecnologia Educacional**, Rio de Janeiro, v. 23, n. 126, p. 24-26, 1995.

_____. Como utilizar a internet na educação. **Revista Ciência da Informação**, Brasília, v. 26, n. 2, p. 146-153, maio-ago. 1997.

OLIVEIRA, R. **Informática educativa**. Campinas: Papirus, 1997.

OLIVEIRA, V. B. **Informática em Psicopedagogia**. São Paulo: Senac, 1996.

PAPERT, S. **A máquina das crianças:** repensando a escola na Era da Informática. Porto Alegre: Artes Médicas, 1994.

PIAGET, J. **Estudos sociológicos**. Rio de Janeiro: Forense, 1973.

PINTO, A. V. **O conceito de tecnologia**. Rio de Janeiro: Contraponto, 2005.

SANCHO, J. M. **Para uma tecnologia educacional.** Porto Alegre: Artes Médicas, 1998.

SCHWAB, K. **A Quarta Revolução Industrial**. São Paulo: Edipro, 2016.

TAJRA, S. F. **Comunidades virtuais**. São Paulo: Érica, 2002.

TAJRA, S. F. **Comunidades virtuais:** um fenômeno social autopoiético na sociedade do conhecimento. Dissertação (mestrado) – Pontifícia Universidade Católica, São Paulo, 2002.

TAPSCOTT, D. **Economia digital**. São Paulo: Makron Books, 1997.

TOFFLER, A. **A terceira onda**. São Paulo: Record, 1980.

_____. **Previsões e premissas**. Rio de Janeiro: Record, 1983.

TORO, J. B. Transformações na educação e códigos da modernidade. **Dois Pontos**, Belo Horizonte, n. 27, p. 115-121, 1996.

TURBINO, M. J. G. **Tecnologia educacional:** das máquinas de aprendizagem à programação funcional por objetivos. São Paulo: Ibrasa, 1984.

UNESCO. Comissão Internacional sobre Educação para o século XXI. **Educação**: um tesouro a descobrir. Brasília: Cortez/MEC/UNESCO, 1998.

VALENTE, J. A. Diferentes usos dos computadores na educação. **Em Aberto**, Brasília, v. 12, n. 57, p. 2-17, jan./mar. 1993.

VENTURA. **A organização do currículo por projetos de trabalho**. Porto Alegre Artes Médicas, 1997.

VICTOR, E. **Manual do professor**. São Paulo: Érica, 1997.

YAMASAKI, S. Extra! Extra! Como ensinar com jornais. **Revista Educação**, n. 101 p. 32-40, 1997.